Außensteuergesetz
International Transactions Tax Act

Außensteuergesetz und Verwaltungsgrundsätze zu Verrechnungspreisen

Deutsch-englische Textausgabe,
eingeleitet und übersetzt von
Rechtsanwalt Dr. Christoph Bellstedt, Düsseldorf

4. überarbeitete Auflage

Verlag Dr. Otto Schmidt · Köln

International Transactions Tax Act and Administration Principles on Income Allocation

English-German Text,
Introduced and Translated by
Dr. Christoph Bellstedt, Member of the German Bar, Düsseldorf

4th revised edition

Verlag Dr. Otto Schmidt · Köln

Inhaltsverzeichnis

Gesetz über die Besteuerung bei Auslandsbeziehungen (Außensteuergesetz)

Erster Teil: Internationale Verflechtungen

Zweiter Teil: Wohnsitzwechsel in niedrigbesteuernde Gebiete

Dritter Teil: Behandlung wesentlicher Beteiligungen bei Wohnsitzwechsel ins Ausland

Vierter Teil: Beteiligung an ausländischen Zwischengesellschaften

Table of Contents

International Transactions Tax Act
(Aussensteuergesetz)

Part One: International Interrelations

Part Two: Change of Domicile Into Low-Tax Territories

Part Three: Tax Treatment of Major Shareholdings of Emigrants

Part Four: Participation in Foreign Intermediate Companies

Grundsätze für die Prüfung der Einkunftsabgrenzung bei international verbundenen Unternehmen (Verwaltungsgrundsätze)

Part Five: Family Foundations

Part Six: Investigation and Procedure

Part Seven: Final Provisions

Principles Relating to the Examination of Income Allocation in the Case of Internationally Affiliated Enterprises (Administration Principles)

Abkürzungen

Abs.	Absatz
AIG	Gesetz über steuerliche Maßnahmen bei Auslandsinvestitionen der deutschen Wirtschaft
AktG	Aktiengesetz
AO	Abgabenordnung
Art.	Artikel
AStG	Außensteuergesetz
BFH	Bundesfinanzhof
BGBl.	Bundesgesetzblatt
BMF	Bundesminister der Finanzen
BStBl.	Bundessteuerblatt
CITA	Corporation Income Tax Act
Cl.	Clause
DBA	Doppelbesteuerungsabkommen
DCT	Double Taxation Convention
ErbStG	Erbschaftsteuergesetz
EStG	Einkommensteuergesetz
FTC	Federal Tax Court (Bundesfinanzhof)
GewStG	Gewerbesteuer-Gesetz
ggf.	gegebenenfalls
IRC	Internal Revenue Code (USA)
KAGG	Gesetz über Kapitalanlagegesellschaften
KStG	Körperschaftsteuergesetz
KStR	Körperschaftsteuerrichtlinien
KWG	Kreditwesengesetz
OECD	Organisation for Economic Co-operation and Development
OECD-MA	OECD-Musterabkommen zur Vermeidung der Doppelbesteuerung des Einkommens und des Vermögens
RFH	Reichsfinanzhof
RIW	Recht der Internationalen Wirtschaft (Zeitschrift)
RStBl.	Reichssteuerblatt
RTC	Reichsfinanzhof
SCA	Stock Corporation Act (AktG)
Tz.	Textziffer

Abbreviations

Abs.	Paragraph
AIG	Foreign Investment Tax Law
AktG	Stock Corporation Act
AO	General Tax Code
Art.	Article
AStG	Aussensteuergesetz
BFH	Federal Tax Court
BGBl.	Federal Statutes
BMF	Federal Minister of Finance
BStBl.	Federal Tax Bulletin
CITA	Corporation Income Tax Act
Cl.	Clause
DBA	Double Taxation Convention
DCT	Double Taxation Convention
ErbStG	Inheritance Tax Act
EStG	Income Tax Act
FTC	Federal Tax Court (BFH)
GewStG	Trade Tax Act
ggf.	if occasion arises
IRC	Internal Revenue Code (USA)
KAGG	Investment Company Act
KStG	Corporation Income Tax Act
KStR	Corporation Income Tax Regulations
KWG	Banking Act
OECD	Organisation for Economic Co-operation and Development
OECD-MA	Model Double Taxation Convention on Income and Capital of the OECD
RFH	Reichsfinanzhof (Highest Tax Court before 1945)
RIW	Recht der Internationalen Wirtschaft (periodical)
RStBl.	Tax Bulletin of the Reich
RTC	see RFH
SCA	Stock Corporation Act (AktG)
Tz.	Clause

13

UmwStG	Umwandlungssteuer-Gesetz
UStG	Umsatzsteuergesetz
u. U.	unter Umständen
VAT	Value Added Tax

UmwStG	Reorganization Tax Act
UStG	Turnover Tax Law
u. U.	circumstances permitting
VAT	Value Added Tax

Vorwort

Die starke Nachfrage nach einer zweisprachigen Ausgabe des Außensteuergesetzes und der Verwaltungsgrundsätze zu Verrechnungspreisen hat diese 4. Auflage erforderlich gemacht. Das Buch erschien erstmals im Jahre 1972 als deutsch-englische Textausgabe des damals verkündeten Außensteuergesetzes; im April 1983 folgte die 2. Auflage, in die die „Grundsätze für die Prüfung der Einkunftsabgrenzung bei international verbundenen Unternehmen (Verwaltungsgrundsätze)" vom 23. Februar 1983 mit aufgenommen wurden, und im Mai 1987 die inzwischen vergriffene 3. Auflage. Die starke Resonanz, die das Buch dadurch im In- und Ausland gefunden hat, verdeutlicht zugleich, welches praktische Gewicht die Verwaltungsgrundsätze bei der Begutachtung und Beratung internationaler Steuerfälle haben.

In den Rezensionen der früheren Auflagen wurde hervorgehoben, daß in diesem Buch neben den amtlichen Texten des AStG und der Verwaltungsgrundsätze auch alle darin zitierten Vorschriften anderer Gesetze (z. B. AO, EStG, KStG, AktG, GmbH-Gesetz) als Fußnoten mit abgedruckt und mitübersetzt wurden. Was aber bis zur 3. Auflage von 1987 ein Vorzug war, hätte sich aufgrund der nachfolgenden Gesetzgebungsakte in sein Gegenteil verkehrt. Die Vorschriften anderer Gesetze, auf die das AStG verweist, wurden und werden noch immer viel häufiger geändert als das AStG selbst; damit veralten die wörtlichen Wiedergaben der in bezug genommenen Vorschriften viel schneller als das AStG, womit das Buch, wenn die bisherige Fußnoten-Praxis fortgesetzt worden wäre, rasch überholt wäre; es würde vor allem dem Ausländer, der unsere Gesetze nicht stets parat hat, bald ein falsches Bild vom geltenden deutschen Recht vermitteln und damit statt Information Desinformation liefern. Außerdem verweist das AStG nach seinen Änderungen durch die Gesetze vom 17. September 1993 (BGBl. 1993 I S. 1569) und vom 21. Dezember 1993 (BGBl. 1993 I S. 2310) z. B. in § 10 Abs. 3 nicht mehr nur auf einzelne, konkret bezeichnete Vorschriften anderer Gesetze, sondern auf diese Gesetze oder auf ihre »steuerlichen Vorschriften« insgesamt. Hätte man alle diese Gesetze und wiederum die in ihnen enthaltenen Querverweisungen mitabgedruckt, wäre der Text so unübersichtlich geworden – die Fußnoten hätten mehr als 80 % des Buches ausgemacht! –, daß der Benutzer nicht nur verwirrt worden wäre, sondern ein anderes Buch erworben hätte als der Titel verheißt.

Andererseits weiß ich aus der Resonanz der Vorauflagen, daß der Benutzer, der dieses Buch wegen seiner englischen Übersetzungen kauft, vor

Preface

A continuing demand for a bi-lingual edition of the German "International Transactions Tax Act" ("the Act") and of the tax administration's guidelines on income allocation between internationally operating affiliated
companies has made this 4th edition called for. The 1st edition was published in 1972 shortly after the promulgation of the "Aussensteuergesetz", followed by the 2nd edition in April 1983 which incorporated the
"Administration Principles on Income Allocation" of 23 February 1983
and by the 3rd edition in May 1987 which has been out of print for quite
some time. The book has found wide acceptance both domestically and
internationally which is ample proof of the bearing of the "Administration Principles" on the daily work of the professional advisor and other
practicioners.

Book reviews of the earlier editions kept emphasizing the value of the reproduction, as footnotes, of the large number of provisions of other laws to
which the Act and the Administration Principles refer (e.g., General Tax
Code, Income Tax Act, Corporation Income Tax Act, Stock Corporation
Act, Limited Liability Company Act). What used to be an advantage until
and including the 3rd edition of 1987 would now have turned into its opposite due to the ensuing legislation. The provisions of other laws to
which the Act refers have been and continue being amended more frequently than the Act itself. The literal reproduction of these references are
thus becoming obsolete much faster than the Act. As a result, this book
would be going out of date soon had the reproduction of all references con-
tinued as before. More important, it would soon create a misleading view
of the applicable German law to those foreigners not having current access to our statutes thereby conveying des-information rather than information. In addition, ever since its amendments by the laws of 17 September 1993 (Federal Statutes 1993 I p. 1569) and of 21 December 1993 (Federal
Statutes 1993 I p. 2310) the Act does no longer refer to individual provisions of other laws only but to entire other acts or to "the taxation provisions" in other acts. See § 10 (3) as an example. If one were to reproduce all
those other acts including the cross-references contained therein as well,
the resulting text would have become unintelligible – the footnotes
would have made up for over 80 per cent of this book's volume – and con-
fusing for its reader who would in fact have bought something different
from what this book's title suggests.

On the other hand, I know from public responses to the earlier editions
that the reader who acquired this book for reasons of its English trans-

allem an § 1 AStG und den dazugehörigen Verwaltungsgrundsätzen sowie den §§ 15 (Stiftungen), 16 (Mitwirkungspflichten), 17 (Sachverhaltsaufklärung) und – wie angenommen werden kann – § 20 AStG (Vorrang vor Doppelbesteuerungsabkommen) interessiert ist und viel weniger an Details der sog. Hinzurechnungsbesteuerung von Inländern. Deshalb haben der Verlag und ich entschieden, zweispurig zu verfahren: Die Gesetzesbestimmungen, auf die § 1 AStG und die anderen oben genannten AStG-Vorschriften und auf die die Verwaltungsgrundsätze verweisen, sind wie bisher vollständig in den Fußnoten abgedruckt und übersetzt, und zwar nach dem Stande vom 1. März 1994. Bei allen anderen Verweisungen wird dagegen nur der Gegenstand dessen kurz mitgeteilt, was die Vorschrift, auf die das AStG verweist, regelt. Das Buch dürfte damit wesentlich handlicher und benutzerfreundlicher geworden sein.

Die vorliegende englische Übersetzung des AStG hält sich sprachlich mehr an das amerikanische als das britische „Steuer"-Englisch. Bei den Verwaltungsgrundsätzen jedoch entspricht die fachliche englische Terminologie der des OECD-Berichts über Verrechnungspreise, damit der Anschluß an den internationalen Sprachgebrauch gewahrt bleibt. Die „Verwaltungs"-Grundsätze habe ich mit „Administration" principles und nicht, wie es andere Autoren z. T. tun, mit „administrative" principles übersetzt; denn es handelt sich um Grundsätze der deutschen Finanzverwaltung, nicht aber um Grundsätze, die regeln, wie zu verwalten ist.

Die in den Fußnoten 69, 74–78 enthaltene englische Übersetzung von Vorschriften des Aktiengesetzes ist der von Prof. Friedrich K. Jünger besorgten zweisprachigen Ausgabe „German Stock Corporation Act", Commerce Clearing House, Inc., Chicago, Illinois, 1967, entnommen.

Meine englische Übersetzung der Verwaltungsgrundsätze (ohne Fußnoten) wurde von Herrn Terence M. Lane von Lane & Partners, Solicitors in London, sprachlich überprüft. Für den Inhalt der Übersetzungen bin ich jedoch alleine verantwortlich.

Düsseldorf, Juni 1994   Dr. Christoph Bellstedt

lations is predominantly interested in § 1 AStG and the Administration Principles relating thereto, as well as in § 15 (foundations), § 16 (compliance), § 17 (disclosure) and he will be interested in § 20 AStG (treaty override), and much less in the technical details of the taxation of residents with foreign base company income. Therefore, the publisher and I have decided to travel "double-track". Those provisions of other laws and of the regulations to which reference is made in § 1 of the Act and in its sections referred to above have again been completely reprinted and translated as they were in effect on 1st March 1994. In all other cases, the footnotes merely summarize briefly what the referenced laws deal with. It is hoped that this book has thereby become much handier and easier to use.

The language used in the translation of the "Aussensteuergesetz" is closer to the American than to the British "tax" English. On the other hand, the translation of the Administration Principles has been using the terminology of the OECD Report on Transfer Pricing in order to be in line with international linguistic usage. While some would refer to the Principles as "administrative" principles, they are referred to herein as "Administration" principles because they reflect the opinion of the German tax administration, rather than containing principles of how things are to be administered.

The English translation of provisions of the Stock Corporation Act in footnotes 69, 74–78 was reprinted from Prof. Friedrich K. Juenger's bilingual edition, "German Stock Corporation Act", Commerce Clearing House, Inc., Chicago, Illinois, 1967.

My English translation of the Administration Principles has been reviewed by Terence M. Lane, Esq. of Lane & Partners, solicitors in London. I do, however, take sole responsibility for this translation.

Düsseldorf, June 1994   Dr. Christoph Bellstedt

Einleitung

Wesentlicher Inhalt des Außensteuergesetzes

Das AStG enthält **sieben** „**Teile**", die ganz unterschiedliche Materien regeln. Für ausländische Unternehmen, die in Deutschland investieren und hier Tochtergesellschaften haben, ist nur der **Erste Teil** interessant. Dieser lautet „Internationale Verflechtungen" und besteht aus nur einer Vorschrift, dem § 1 AStG, der – mit Abweichungen – das regelt, was in Artikel 9 OECD-Musterabkommen enthalten ist. Zu § 1 AStG sind als verwaltungsinterne Dienstanweisungen die „Verwaltungsgrundsätze" für die „Prüfung der Einkunftsabgrenzung bei international verbundenen Unternehmen" ergangen.

§ 1 AStG und die Verwaltungsgrundsätze behandeln also eine Materie, die – um wichtige Beispiele zu nennen – auch in folgenden Staaten durch Gesetz oder Richtlinien geregelt ist: In **Belgien** durch Artikel 26 Einkommensteuergesetz in der Fassung vom 28. 7. 1992 (Text auch in „intertax" 1993 S. 351); in **Frankreich** durch Artikel 57 Code Générale des Impôts in der Fassung vom 30. 12. 19981 (Text auch in „intertax" 1993 S. 352); in **Italien** durch die Erlasse Nr. 32 vom 22. 9. 1980 und Nr. 42 vom 12. 12. 1981, die sich auf Artikel 75 des Einkommensteuergesetzes in der Fassung des Gesetzes Nr. 897 vom 30. 12. 1980 stützen; in **Japan** durch Artikel 66-5 des Special Taxation Measures Law vom 28. 3. 1986 (Text auch in „intertax" 1986 S. 232); in **Kanada** durch das Information Circular 87-2: „International Transfer Pricing and Other International Transactions" vom 27. 2. 1987; im **Vereinigten Königreich** durch Section 485 Income and Corporation Taxes Act und die „Notes" des UK Inland Revenue von 1982 zu „The Transfer Pricing of Multinational Enterprises"; und in den **Vereinigten Staaten von Amerika** in Section 482 Internal Revenue Code und den dazu ergangenen Regulations.

Der **Zweite** und der **Dritte Teil** betreffen die Besteuerung von Personen, die ihren Wohnsitz in Steueroasen verlegen.

Der **Vierte Teil** will die sog. passiven Einkünfte erfassen, die Inländer in von ihnen kontrollierten ausländischen Gesellschaften in Niedrigsteuerländern (sog. „Zwischengesellschaften") ansammeln. Vorbild – mit Einschränkungen – waren dafür die **Subpart F**-Vorschriften des US Internal Revenue Code. Dieselbe Materie ist in **Italien** in Artikel 11 des Gesetzes Nr. 413 vom 30. 12. 1991 geregelt, ergänzt durch das Dekret vom 24. 4. 1992 mit der Liste der Niedrigsteuerländer. Der **Fünfte Teil**, der nur aus

Introduction

Survey of the "Aussensteuergesetz"

The "Aussensteuergesetz" is comprised of **seven "Parts"** each of which dealing with an entirely different subject matter. Only **Part One** should be of interest to foreign enterprises investing in Germany through a domestic subsidiary. It reads "International Interrelations" which appeared to me a better translation than the literal "international entanglements". It consists of but one single provision, § 1 of the Act which deals by and large with the subject matter of Article 9 OECD Model Convention. § 1 of the Act was supplemented by the administration's internal "Principles Relating to the Examination of Income Allocation in the Case of Internationally Affiliated Enterprises".

§ 1 of the Act and the Administration Principles are dealing with the same subject matter as the following laws and regulations of other countries, to quote major examples: **Belgium**, Article 26 Income Tax Act, as amended on 28 Juli 1992 (reprinted also in "intertax" 1993 p. 351); **Canada**, Information Circular 87-2: "International Transfer Pricing and Other International Transactions" of 27 Febr. 1987; **France**, Article 57 Code Générale des Impôts, as amended on 30 Dec. 1981 (reprinted also in "intertax" 1993 p. 352); **Italy**, Ordinances No. 32 of 22 Sept. 1980 and No. 42 of 12 Dec. 1981, basing on Article 75 of the Income Tax Act, as amended by the law No. 897 of 30 Dec. 1980; **Japan**, Article 66-5 of the Special Taxation Measures Law of 28 March 1986 (reprinting also in "intertax" 1986 p. 232); **United Kingdom**, Section 485 Income and Corporation Taxes Act, and the Notes of the UK Inland Revenue of 1982 on "The Transfer Pricing of Multinational Enterprises"; and **USA**, Section 482 Internal Revenue Code and the Regulations promulgated thereunder.

The **Second** and **Third Part** relate to the taxation of persons emigrating to tax haven countries.

Part Four endeavours to tax the passive income of residents accumulated in controlled foreign corporations located in tax haven countries (so-called "intermediate companies"). The **Subpart F** provisions of the U.S. Internal Revenue Code served as a model but deviate in detail. **Italy** has coped with the same subject matter in Article 11 of the act No. 413 of 30 Dec. 1991, supplemented by Decree of 24 April 1992 with a list of low-tax countries. **Part Five** consisting of § 15 only imposes a tax on foreign-

§ 15 AStG besteht, erfaßt die Einkünfte von im Ausland errichteten Familienstiftungen, auch wenn sie nicht in einem Niedrigsteuerland ansässig sind.

Im **Sechsten Teil** sind Vorschriften über die Offenbarungspflicht des Steuerpflichtigen für alle Beziehungen zu Personen in Niedrigsteuerländern enthalten, wenn er Schulden, Betriebsausgaben und Werbungskosten im Zusammenhang mit Geschäftsbeziehungen zum niedrigbesteuernden Ausland absetzen will (§ 16 AStG), über die Pflicht zur Sachverhaltsaufklärung im Rahmen des **Zweiten** und **Vierten Teiles** (§ 17 AStG) und eine Veranlagungsvorschrift (§ 18 AStG).

Der **Siebte Teil** regelte bis zur Gesetzesänderung vom 25. 2. 1992 nur die Auflösung von Zwischengesellschaften in § 19 AStG und die erstmalige Anwendung des Gesetzes im alten § 20 nebst der überholten Berlin-Klausel in § 21; seit dem 25. 2. 1992 aber enthält er den neuen § 20 AStG, der den Vorrang einiger Bestimmungen dieses Gesetzes vor den Doppelbesteuerungsabkommen bestimmt.

Jüngste Änderungen des Gesetzes

Das AStG wurde seit der 3. Auflage (Mai 1987) durch die Gesetze vom 25. Februar 1992 (BGBl. 1992 I S. 297, „Steueränderungsgesetz 1992"), vom 13. September 1993 (BGBl. 1993 I S. 1569, „Standortsicherungsgesetz") und vom 21. 12. 1993, BGBl. 1993 I S. 2310, „Mißbrauchsbekämpfungs- und Steuerbereinigungsgesetz") geändert. Bisher nicht geändert wurden die „Verwaltungsgrundsätze" von 1983. Die wichtigsten der Gesetzesänderungen seien hier kurz dargestellt:

Das Gesetz vom 25. 2. 1992 fügte dem § 1 AStG den neuen Absatz 4 an. Dieser definiert, was „**Geschäftsbeziehungen**" zum Ausland sind, von denen die grundlegende Berichtigungsvorschrift des § 1 Abs. 1 AStG spricht. Der Bundesfinanzhof hatte sich mit der Auslegung dieses Begriffs zu befassen und im Urteil vom 5. 12. 1990 (BStBl. 1991 II S. 287) entschieden, daß rein private Beziehungen zwischen Nahestehenden nicht darunter fallen. Im Urteilsfall ging es um ein „privates Darlehen" eines Inländers an eine Schweizer GmbH, an der der Inländer wesentlich beteiligt war. Nach dem BFH-Urteil sind „Geschäftsbeziehungen" nur solche, „die ein Betrieb im Sinne der Gewinneinkünfte eingeht, d. h. die Teil einer selbständigen, nachhaltigen, mit Gewinnerzielungsabsicht und unter Teilnahme am allgemeinen wirtschaftlichen Verkehr ausgeübten Tätigkeit sind". Dem ist der Gesetzgeber für den Fiskus großzügig gefolgt. Der neue Absatz 4 von § 1 AStG sagt jetzt, daß Geschäftsbeziehungen im Sinne von § 1 Abs. 1 und Abs. 2 AStG vorliegen, wenn die Einkünfte des Steuerpflichtigen, die zu überprüfen sind, aus einer Tätigkeit herrühren, die Land- und Forstwirt-

based family foundations even if they are not located in a low-tax country.

Part Six established the taxpayer's duty to disclose any and all details of his relationships with a person in a low-tax country if he wishes to deduct debts, business or personal expenses in connection with a business relationship to a person in a low-tax country (§ 16), his disclosure obligations in respect of **Parts Two** and **Four** (§ 17), and it contains an assessment provision (§ 18).

Until its amendment of 25 Febr. 1992, **Part Seven** only dealt with the dissolution of foreign base companies (§ 19) and with the first application of the Act in old § 20 and the – now obsolete – provision of § 21 ("Berlin-Clause"). The act of 25 Febr. 1992 has now inserted new § 20 providing that certain provisions of the Act derogate tax treaty provisions.

Recent Amendments of the Act

Subsequent to the 3rd edition of May 1987, the "Aussensteuergesetz" was amended three times, namely by the "Tax Revision Act" of 25 Febr. 1992 (Federal Statutes 1992 I p. 297), the "Site Preservation Tax Act" of 13 Sept. 1993 (Federal Statutes 1993 I p. 1569), and the "Anti-Abuse and Technical Corrections Tax Act" of 21 Dec. 1993 (Federal Statutes 1993 I p. 2310). The Administration Principles remained unchanged ever since 1983. The major amendments to the Act are outlined below.

A new subsec. (4) was added to 1 AStG by the law of 25 Febr. 1992 defining the term **"business relationship"** extending to a foreign country, the heart of the original provision of § 1 (1) of the Act. The Federal Tax Court had to interpret this term and in its decision of 5 Dec. 1990 (BStBl. 1991 II p. 287) the court said that mere private relations among relatives do not fall under this provision. The case involved a "private loan" by a resident individual to a Swiss corporation controlled by the lender. The court said that a "business relationship" within the meaning of the Act is a relationship "established by an enterprise generating income from a trade or business, i.e., forming part of an independent and continuous activity performed with the aim of making a profit and participating in general commercial traffic". The legislator acquiesced in a manner serving the fiscal interests. New subsec. (4) of § 1 now says that a business relationship within the meaning of § 1 (1) and (2) AStG shall be deemed to exist if the income of the taxpayer under review results from an activity which can be classified as agriculture and for-

schaft, Gewerbebetrieb, selbständige Arbeit oder Vermietung und Verpachtung einschließlich der Lizenzgewährung darstellen.

Bei der eigentlichen Hinzurechnungs- oder Oasen-Besteuerung entdeckte der Gesetzgeber die „**Zwischeneinkünfte mit Kapitalanlagecharakter**", die er durch die neuen § 7 Abs. 6, § 10 Abs. 6 und § 20 Abs. 2 AStG – um nur die wichtigsten zu nennen – einzufangen suchte. Die neuen Vorschriften wurden am 25. 2. 1992 eingefügt und am 21. 12. 1993 geändert. Zwischeneinkünfte mit Kapitalanlagecharakter sind Einkünfte der ausländischen Zwischengesellschaft (siehe § 8 AStG), die aus dem Halten, der Verwaltung, Werterhaltung oder Werterhöhung von Zahlungsmitteln, Forderungen, Wertpapieren, Beteiligungen (Ausnahme: Beteiligungen von mindestens 10 % am Kapital) oder ähnlichen Vermögenswerten stammen. Das ist eigentlich eine Aufzählung der typischen „passiven" Einkünfte, also derjenigen, die vom Ausnahmekatalog des § 8 Abs. 1 AStG nicht erfaßt werden und die daher ohnehin der Zugriffsbesteuerung der §§ 7 ff. AStG unterfielen. Warum dann die Gesetzesänderung? Sie richtet sich gegen Investitionen inländischer Steuerpflichtiger vor allem in **Irland**, wo Unternehmen, die internationale Finanzdienstleistungen erbringen, im International Financial Services Centre in Dublin nur einer Körperschaftsteuer von 10 % unterliegen. Das ist zwar eine „niedrige Besteuerung" im Sinne von § 8 Abs. 3 AStG; aber § 10 Abs. 5 AStG schützte vor der Hinzurechnung dieser ausländischen Einkünfte aus irischen Beteiligungsgesellschaften, indem diese Vorschrift das deutsche internationale Schachtelprivileg in Doppelbesteuerungsabkommen für anwendbar erklärt. Das DBA Deutschland–Irland von 1962 enthält dieses Schachtelprivileg in Artikel XXII Abs. 2 Buchst. a, aa, ohne die sog. Aktivitätsklausel, also ohne Rücksicht darauf, welchen Tätigkeiten die irische Gesellschaft nachgeht. Ferner befreien Artikel III und der genannte Artikel XXII des DBA-Irland irische Betriebsstättengewinne von der deutschen Steuer, so daß also auch irische Zweigniederlassungen deutscher Unternehmen in den Genuß der niedrigen – und endgültigen – irischen Steuer auf Gewinne aus internationalen Finanzdienstleistungen kommen konnten. Um das zu verhindern und um auch Beteiligungen von unter 50 % (entgegen § 7 Abs. 1 AStG) und – erstmals im AStG – ausländische Betriebsstätten zu erfassen, senkt der neue § 7 Abs. 6 AStG die schädliche Beteiligungsquote an ausländischen Kapitalanlagegesellschaften auf 10 %, macht der neue § 10 Abs. 6 AStG das ebenda in Absatz 5 enthaltene Schachtelprivileg in Doppelbesteuerungsabkommen unanwendbar in bezug auf Einkünfte mit Kapitalanlagecharakter und schreibt der neue § 20 Abs. 2 AStG vor, daß bei ausländischen Betriebsstätten-Einkünften aus Tätigkeiten mit Kapitalanlagecharakter nicht die in den DBA gewährte Freistellungs-, sondern die Anrechnungsmethode anzuwenden ist (vgl. hierzu A. Tulloch, Der Be-

estry, trade or business, self-employment, or leasing and renting including licensing.

In respect of the tax-haven legislation the legislator discovered **"intermediate income with capital investment character"** at which new § 7 (6), § 10 (6) and § 20 (2) of the Act – to name the most important new provisions – are directed. These provisions were added to the Act on 25 Febr. 1992 and amended on 21 Dec. 1993. Intermediate income with capital investment character is income of the foreign intermediate company (see § 8 AStG) derived from the possession, administration, preservation of the value of, or the increase in the value of, legal tender, receivables, stocks and bonds, shares or similar assets (exception: shares of at least 10 per cent of the capital). This really is an enumeration of the typical "passive" items of income not covered by the exception catalogue of § 8 (1) AStG and thereby falling under the attribution rule of § 7 AStG anyway. Why then the amendment? It is directed against investments of residents in particular in **Ireland** which has been granting a 10 per cent corporation tax to enterprises engaged in rendering international financial services in the International Fiancial Services Centre in Dublin. While a 10 per cent tax is a "low tax" within the meaning of § 8 (3) AStG, § 10 (5) AStG granted protection against the inclusion of the Irish source income into taxable income because § 10 (5) makes the German international participation privilege contained in Double Taxation Conventions (DTC) applicable to tainted base company income. The Irish-German DTC grants this privilege in Article XXII (2) lt. a, aa without the so-called "active business" proviso. Also, Articles III and XXII of the Irish-German DTC exempt the income of an Irish permanent establishment from German tax so that Ireland based offices of German enterprises could benefit from the low and final Irish tax on the profits from international financial services. To avoid this result and also to cover participations of less than 50 per cent (contrary to § 7 (1) AStG), and furthermore to catch the income of foreign permanent establishments as well (a novelty in the Act), new § 7 (6) has lowered the detrimental participation ratio to 10 per cent, new § 10 (6) declares the international participation privilege in the DTCs inapplicable to income with capital investment character, and finally new § 20 (2) AStG provides for the tax credit, rather than the exemption method granted by DTCs to apply in respect of foreign permanent establishment income with capital investment character (cf. A. Tulloch, Der Betrieb 1992 p. 1444; Debatin, Der Betrieb 1992 p. 2159; A. J. Rädler and R. G. Minor, Tax Notes International 1992 p. 515; R. G. Minor, Tax Notes International 1993 p. 147, 155; W. Leisner, Recht der Internationalen Wirtschaft 1993 p. 1013).

trieb 1992, S. 1444 ff.; Debatin, Der Betrieb 1992, S. 2159 ff.; A. J. Rädler/R. G. Minor, Tax Notes International 1992, S. 515 ff.; R. G. Minor, Tax Notes International 1993, S. 147 ff. (155); W. Leisner, RIW 1993, S. 1013 ff.).

Das Gesetz vom 25. 2. 1992 hat auch den neuen § 20 in das AStG eingefügt. Dessen Absatz 2 betreffend Betriebsstätten habe ich vorstehend besprochen. Fast noch wichtiger ist sein Absatz 1, der lautet: „Die Vorschriften der §§ 7 bis 18 und der Absätze 2 [betrifft ausländische Betriebsstätten-Einkünfte mit Kapitalanlagecharakter] und 3 [betrifft Auslandsvermögen mit Kapitalanlagecharakter] werden durch die Abkommen zur Vermeidung der Doppelbesteuerung nicht berührt."

Diese Vorschrift ist in zweierlei Hinsicht von Bedeutung: Erstens verdrängt sie für die Hinzurechnungsbesteuerung der §§ 7–18 AStG den in § 2 AO enthaltenen Vorrang der DBA vor dem einfachen Gesetz. Der „**Treaty Override**" wurde also gesetzlich angeordnet. Die Abschirmwirkung der DBA vor der Hinzurechnungsbesteuerung, die schon bisher seit der Gesetzesänderung vom 28. 8. 1980 (BGBl. 1980 I S. 1545) in § 14 Abs. 4 AStG [betr. ausländische Enkelgesellschaften] durchlöchert war, ist damit fast völlig beseitigt. Die jahrelange Kontroverse in der deutschen Fachliteratur, ob das völkerrechtlich zulässig sei, ist einer resignierenden Zustimmung gewichen. Ich halte sie für verfehlt. Das internationale Vertragsrecht geht vor.

Für viele Benutzer dieses Buches dürfte aber der zweite Aspekt des neuen § 20 Abs. 1 AStG wichtiger sein, nämlich daß er die DBA-Vorschriften nur in bezug auf die §§ 7–18 AStG zurücktreten läßt, nicht aber in bezug auf § 1 AStG. Damit gehen also die Vorschriften in den DBA, die dem Artikel 9 OECD-Musterabkommen entsprechen, bei Gewinnberichtigungen zwischen verbundenen Unternehmen nach wie vor dem § 1 AStG vor, weil das § 2 AO so bestimmt. Das bedeutet: Will die deutsche Finanzverwaltung die Einkünfte eines inländischen Steuerpflichtigen aus Geschäftsbeziehungen mit einer ihm nachstehenden Personen im Ausland gestützt auf § 1 AStG – oder auf die in § 1 Abs. 1 AStG durch Verweisung einbezogenen „anderen Vorschriften", z. B. § 8 Abs. 3 Satz 2 KStG [verdeckte Gewinnausschüttungen] – berichtigen, dann kann sich der Steuerpflichtige auf die dem Artikel 9 OECD-Musterabkommen entsprechende Vorschrift im jeweils anwendbaren DBA berufen, wenn letztere andere und strengere Voraussetzungen aufstellt als § 1 AStG (Vgl. C. Bellstedt, Internationale Wirtschafts-Briefe Fach 2 S. 495 ff. [1990]). Die letzten beiden Sätze in Tz. 1.2.1 der Verwaltungsgrundsätze, die das Gegenteil postulieren, sind klar gesetzwidrig. Der BFH hat die dem Artikel 9 OECD-Musterabkommen entsprechenden DBA-Vorschriften als nicht unmittelbar vollziehbar, sondern als Ermächtigungen an die nationalen Gesetzgeber erklärt, interne Gewinnkorrekturvorschriften zu erlassen (BFH-Urteile vom 12. 3. 1980,

The act of 25 Febr. 1992 also added § 20 to the Act. For discussion of § 20 (2) please see above. More significant ist § 20 (1) which reads, "The provisions of §§ 7 through 18 and of subsecs. (2) [relating to foreign permanent establishment income with capital investment character] and (3) [relating to foreign property with capital investment character] shall not be affected by Double Taxation Conventions".

This new provision has two different aspects of significance. Firstly, it derogates the DTCs' provisions in favour of the attribution rules of §§ 7–18 AStG although § 2 General Tax Code provides for the contrary. The principle of **"Treaty Override"** has thus become part of German tax law. The protection so far granted by the DTCs against the attribution rules of the AStG, shattered as it was by § 14 (4) AStG [relating to second-tier foreign subsidiaries] as amended by the amendmend of 20 August 1980 (Federal Statutes 1980 I p. 1545) has thus been almost entirely removed. German legal authors have for a long time debated the admissability of such an override provision under international law and have finally accepted it, although in a defeating mode. I do not share their views. International conventions should prevail.

For many of the users of this book the second aspect of new § 20 (1) AStG should be of higher significance, to wit: The new provision derogates the DTCs only in favour of §§ 7–18 AStG but not in respect of § 1 AStG. The provisions in the DTCs which correspond to Article 9 OECD Model Convention continue ranking higher than the income adjustment provision of § 1 AStG. This order of priority is set forth in § 2 General Tax Code. If the German taxation authorities attempt to adjust the income of a domestic taxpayer from business relationships with a foreign related person invoking § 1 AStG (or the "other provisions" of law referred to therein, such as § 8 (3), 2nd sentence Corporation Income Tax Act = CITA [concealed dividends]), the taxpayer can revert to the DTC provision in the DTC applicable in the circumstances corresponding with Article 9 OECD Model Convention if the latter provides for different and in particular more stringent prerequisites than § 1 AStG (see C. Bellstedt, Internationale Wirtschafts-Briefe Fach 2 p. 495 [1990]). The final two sentences of Cl. 1.2.1 Administration Principles which take the opposite position are clearly in violation of the law. The Federal Tax Court has ruled that the DTC clauses corresponding to Article 9 OECD Model Convention are not self-executing but merely authorize the national legislator to enact national income adjustment provisions (FTC decisions of 12 March 1980, BStBl. 1980 II p. 531 [relating to the DTC with The Netherlands], and of 21 January 1981,

BStBl. 1980 II S. 531 [betr. DBA-Niederlande]; vom 21. 1. 1981, BStBl. 1981 II
S. 517 [betr. DBA-Frankreich]). Ist der deutsche Gesetzgeber aber über die
Ermächtigungsnorm hinausgegangen, dann ist das Gesetz gegenüber der
DBA-Vorschrift unvollziehbar. Und § 1 AStG geht in der Tat über Artikel 9
OECD-Musterabkommen hinaus; § 8 Abs. 3 Satz 2 KStG erst recht. Artikel 9 OECD-MA setzt Mutter- und Tochtergesellschaften oder Gesellschaften unter gemeinsamer Kontrolle voraus, während für § 1 AStG
schon eine Beteiligung von 25 % genügt (§ 1 Abs. 2 Nr. 1 AStG) und für § 8
Abs. 3 Satz 2 KStG ein Zwerganteil. Der von § 1 Abs. 1 AStG in bezug ge-
nommene § 8 Abs. 3 Satz 2 KStG definiert die verdeckte Gewinnausschüttung überhaupt nicht, und die dazu ergangene Rechtsprechung hat sich
längst von dem für Artikel 9 OECD-MA maßgeblichen Kriterium des
Fremdvergleichs bzw. des arm's length-Prinzips entfernt und Kriterien
aufgestellt, die im internationalen Recht unbekannt sind.

Die „Verwaltungsgrundsätze"

Die Verwaltungsgrundsätze sind seit ihrer Verkündung im Februar 1983
unverändert geblieben. Sachlich gehören diese Verwaltungsgrundsätze im
Rahmen des Außensteuergesetzes nur zu dessen § 1, während sich die ver-
waltungseigene Auslegung der anderen Vorschriften des AStG nach wie
vor insbesondere im sog. Einführungsschreiben vom 11. 7. 1974 (BStBl.
1974 I S. 442) findet. Während das Einführungsschreiben jedoch in der täg-
lichen Praxis inzwischen an Bedeutung verloren haben dürfte – es ist auch
inhaltlich an vielen Stellen durch zahlreiche zwischenzeitlich ergangenen Gesetzesänderungen überholt – sind die Verwaltungsgrundsätze zur
Einkunftsabgrenzung international verbundener Unternehmen von hoher und bleibender Aktualität für jeden, der in Deutschland oder von
Deutschland aus im Ausland investiert oder ausländische Investoren berät.

Die Verwaltungsgrundsätze reflektieren die Auffassung der deutschen Finanzverwaltung, welches der steuerrechtlich zutreffende „Verrechnungspreis" für Lieferungen und Leistungen zwischen Nahestehenden im internationalen Geschäftsverkehr ist und wie man ihn zu ermitteln habe.
Dasselbe Thema ist Gegenstand des vom Steuerausschuß der OECD erar-
beiteten und im Jahre 1979 veröffentlichten Berichts „Verrechnungspreise und Multinationale Unternehmen", dessen amtliche deutsche Fassung
im Jahre 1981 im Verlag Dr. Otto Schmidt KG in Köln erschien. Jene deutsche Fassung war ein Gemeinschaftsprodukt des Bundesministeriums
der Finanzen und der Spitzenverbände der deutschen Wirtschaft. Der
OECD-Bericht zeichnet sich dadurch aus, die sehr komplexen Sachverhalte bei internationalen Unternehmensgruppen darzustellen und flexib-

BStBl. 1981 II p. 517 [relating to the DTC with France]). If these national adjustment provisions transgress the limits set by the authorisation, the domestic law is unenforceable against the DTC. § 1 AStG does in fact have a wider scope than Article 9 OECD Model Convention, and this is the more true for § 8 (3), 2nd sentence CITA. While Article 9 OECD Model Convention requires a parent and subsidiary company relationship or companies under common control, § 1 AStG only requires a 25 per cent participation (§ 1 (2) No. 1 AStG) and § 8 (3), 2nd sentence CITA even less. The latter provision to which § 1 AStG is tacitly referring does not even define what a hidden profit distribution is and the case law interpreting this clause has long since departed from the crucial arm's length criterion governing Article 9 OECD Model Convention and has established other criteria unknown in international law.

The Administration Principles

The Administration Principles remained unchanged ever since their promulgation in February 1983. As far as the "Aussensteuergesetz"is concerned, these principles or guidelines relate to its § 1 only. The administration's interpretation of all other provisions of the "Aussensteuergesetz" is still contained in its Introductory Letter of 11 July 1974 (BStBl. 1974 I p. 442). While it is believed that this Introductory Letter has become less important for the practitioner – in addition to having become widely outdated due to subsequent changes of laws cited therein – the Administration Principles on income allocation among internationally related enterprises are, and they will remain, most important for all enterprises investing in Germany or for Germans investing abroad, as well as for their advisors.

The Administration Principles reflect the views of the German taxation authorities on what they consider to be the correct "transfer price" for taxation purposes for supplies and performances between related parties engaged in international transactions, as well as on the methods of its determination. The same subject matter has been dealt with by the Report of the OECD Committee on Fiscal Affairs on "Transfer Pricing and Multinational Enterprises" of 1979, an official German translation of which was published by Verlag Dr. Otto Schmidt KG, Cologne, in 1981. That German translation had been worked out jointly by the Federal Ministry of Finance and head associations of German industry and trade. The main features of the OECD report are a description of the complex situations existing among multinational groups of enterprises and that it offers rather

le Lösungsmöglichkeiten für die Ableitung des „arm's-lenght"-Preises – auf deutsch des „Fremdpreises" – anzubieten. Dieses Angebot erschien der deutschen Finanzverwaltung nicht ausreichend, vor allem war es ihr wohl zu flexibel. Sie machte daraus eigene „Verwaltungsgrundsätze". Erstmals im März 1981 als Entwurf vorgestellt, wurden die Grundsätze vielfach mit den Spitzenorganisationen der Wirtschaft und der steuerberatenden Berufe erörtert. Manche der dabei vorgetragenen Argumente wurden berücksichtigt, aber längst nicht alle. Auffallend ist auch, daß die Verwaltungsgrundsätze – wenngleich sie es nicht ausdrücklich sagen – primär aus der Sicht der deutschen Tochtergesellschaft und viel seltener aus der der deutschen Muttergesellschaft formuliert sind. Das war beabsichtigt. Die Zustimmung der deutschen Wirtschaftsorganisationen haben die Grundsätze jedenfalls nicht gefunden.

Für den Steuerpflichtigen sind die Verwaltungsgrundsätze nicht bindend, wohl aber für die Finanzbehörden. Sie stellen keine Rechtsnormen dar. Eine dem Sec. 482 IRC entsprechende Ermächtigungsnorm zur Ausfüllung des Gesetzes kennt das Außensteuergesetz nicht. Die Verwaltungsgrundsätze sind das, was ihr Name sagt: die zur Zeit von der Finanzverwaltung für zutreffend gehaltenen Grundsätze. Sie sind norminterpretierende Anordnungen (vgl. Tipke-Lang, Steuerrecht, 12. Aufl. 1989, S. 94/95) des Bundesministers der Finanzen. Die Betriebsprüfer und die Veranlagungsstellen haben die Verwaltungsgrundsätze zu befolgen, solange der BFH sie nicht im Einzelfall als rechtswidrig aufhebt. Bislang sind, soweit ersichtlich, noch keine BFH-Entscheidungen veröffentlicht worden, die die Verwaltungsgrundsätze erwähnen. Dafür gibt es Gründe. Zum einen dauern Steuerverfahren so lange, daß in den vergangenen Jahren noch nicht mit einer höchstrichterlichen Auseinandersetzung mit den Verwaltungsgrundsätzen gerechnet werden konnte. Ausnahme: das „dänische Schnaps"-Urteil des BFH vom 17.2.1993 (BStBl. 1993 II S. 457), das sich mit den Anlaufverlusten einer inländischen Vertriebs-Tochtergesellschaft und den Kosten der Markterschließung befaßt. In den Urteilsgründen ist der BFH sinngemäß der Tz. 3.4 der Verwaltungsgrundsätze gefolgt, ohne sie jedoch zu zitieren. Vielleicht wollte der BFH es vermeiden, den Verwaltungsgrundsätzen durch ein zustimmendes Zitat den Rang von Rechtsnormen zuzuerkennen. Ferner pflegen die Steuerpflichtigen tunlichst die prozessuale Austragung von Streitigkeiten über angemessene Verrechnungspreise zu vermeiden und streben eine Einigung im Rahmen der Betriebsprüfung an. Aus dem Fehlen von Entscheidungen darf also nicht geschlossen werden, daß die Verwaltungsgrundsätze keine praktische Bedeutung hätten. Genau das Gegenteil trifft zu. Während die anderen Vorschriften des AStG fast wie strafrechtliche Verbotsnormen die Wirkung hatten, daß vom AStG erfaßte Zwischengesellschaften gar nicht

flexible solutions for finding "arm's length" prices. The German fiscal authorities did not find this offer satisfactory, presumably due to its flexibility. They produced their own "principles". A first draft thereof was issued in March, 1981, and was intensely discussed with the head organizations of German industry and of the tax advisory profession. Whereas some of the arguments presented were accepted, many were not. It is furthermore noteworthy that the Administration Principles are worded more often than not from the viewpoint of the German subsidiary, rather than of the German parent company, although they do not admit the fact. This attitude was intended. The organizations of German industry did not acquiesce in these Principles.

The administration Principles are not legally binding for the taxpayer; they are binding for the taxation authorities. They do not constitute provisions of law. The "Aussensteuergesetz" does not contain an authorization to the tax administration to implement the law similar to Section 482 IRC. The Administration Principles are what their name expresses: principles presently deemed correct by the taxation administration. They are directives of the Federal Minister of Finance interpreting the law (see Tipke-Lang, Steuerrecht, 12th ed. 1989, p. 94/95). Government tax auditors and the assessment divisions are bound to apply these Principles as long as any one of them has not been declared unlawful by the Federal Tax Court. Federal Tax Court decisions referring to the Principles have apparently not yet been published. There are good reasons for this fact. Tax proceedings take a very long time in Germany and the years after their first promulgation were just too short a time to expect the Principles to be treated by the highest tax court. The "Danish Liquor" case (Federal Tax Court decision of 17. Febr. 1993, BStBl. 1993 II p. 457) could have been an exception though. The case deals with start-up losses of a domestic sales subsidiary and its market penetration costs. The court followed the sense of Cl. 3.4 of the Administration Principles but did not refer to them. It is conceivable that the court did not want to "up-grade" the Principles into law by referring to them affirmatively. Also, taxpayers would tend to avoid bringing arm's-length pricing issues before the courts and would strive to settle disputes during tax audits. The lack of court decisions is therefore no indication for a lack of practical importance of the Principles. On the contrary: While it could be observed that the other provisions of the Act had a prohibitive effect similar to that of criminal laws so that "intermediate companies" falling under the Act were just no more formed, § 1 of the Act and the implementing Administration Principles are of daily significance. It has become apparent, though, that the Principles combine irreconcilable

mehr gegründet wurden, ist § 1 AStG mit den Verwaltungsgrundsätzen dazu von täglicher Aktualität. Dabei hat sich herausgestellt, daß die Verwaltungsgrundsätze durch ein unlösbares Spannungsverhältnis in sich selbst gekennzeichnet sind, weil sie einmal sog. Standardmethoden zur Prüfung von Verrechnungspreisen aufstellen (Tz. 2.2.), zum anderen aber auch auf das Verhalten des „ordentlichen Geschäftsführers" abstellen (z. B. in Tz. 1.3.1., 2.4.1., 2.4.6., 6.4.1. usw.). Sie setzen damit die Maßstäbe schematischer Regeln und kaufmännischer Vernunft nebeneinander. Daß die kaufmännische Vernunft mit schematischen Preisfindungsregeln nicht leben kann, dürfte einleuchten. Berät man aber einen Mandanten bei der vorausschauenden Planung in Anlehnung an die Standardmethoden (was stets auf Widerstand stößt), kommt Jahre später ein Betriebsprüfer und setzt seine eigene „kaufmännische" Vernunft als Maßstab an. Umgekehrt kann es einem auch widerfahren. Daß man angesichts dieser Unwägbarkeiten in der retrospektiven Überprüfung von Geschäftsvorfällen den Weg zum Gericht scheut, dürfte verständlich sein.

Die Sprache des Gesetzes

Das AStG ist in weiten Teilen ein sprachliches Ungeheuer. Während die §§ 1–6 AStG sprachlich noch einigermaßen zu verstehen sind und vor allem der ursprüngliche § 1 AStG von 1972 gut lesbar und verständlich war, sind die §§ 7–14 AStG aufgrund ihrer Änderungen von 1992 und 1993 nicht mehr verständlich. Lesen Sie einmal den neuen § 10 Abs. 6 oder den neuen § 11 Abs. 4 AStG! Verstehen Sie das? Ich finde diese Texte hinreißend komisch, so unverständlich sind sie. Diese elende deutsche Abstraktion und Verweisungstechnik! Was müssen wir für geniale Bundestagsabgeordnete haben, die diese der Mathematik vergleichbare Kunst der Gesetzesformulierung verstanden haben, denn sonst hätten sie dieses Gesetz doch nicht beschlossen? Leider sind Künstler rar.

Ich hätte diesen Vorspruch unterlassen, wenn ich das Gesetz und die Verwaltungsgrundsätze nicht hätte in eine fremde Sprache übersetzen wollen. Gerade bei der Übersetzung in die englische Sprache, die so wunderschön unpräzis und so wunderschön klar ist, merkt man, wie gnadenlos präzis und wie gnadenlos unklar die deutsche Sprache sein kann. Die Übersetzungsarbeit offenbart die Qualität der Vorlage auch für den deutschen Leser. Was soll man als Übersetzer tun – wörtlich oder verständlich übersetzen? Ich habe mich bemüht, so wörtlich wie nötig und so verständlich wie möglich zu übersetzen. Ich mußte das Gesetz getreulich wiedergeben, aber es muß gleichwohl für den, der der deutschen Sprache nicht mächtig ist, noch einigermaßen verständlich sein.

standards by referring, on the on hand, to so-called standard methods of reviewing transfer prices (Cl. 2.2.) and to the judgement of a diligent or conscientious manager on the other (see Cl. 1.3.1., 2.4.1., 2.4.6., 6.4.1., etc.). They refer both to standardized patterns and a businessman's good sense. It is obvious that a businessman in good senses does not agree on prices by reference to standardized patterns. And an advisor seeking to convince a (reluctant) client to adhere to the "standard methods" would find himself confronted, years later, with what the field auditor purports to be his own good business judgement. The reverse is also possible. Clearly one does not dare to permit a case involving pricing issues to be subjected to the retrospective review by any court of law.

The Language of the Act

The AStG is a linguistic monster in many of its sections. While the language of §§ 1–6 AStG is relatively easy to comprehend and while the original 1972 version of § 1 AStG was easy to read and to understand, §§ 7–14 AStG as amended in 1992 and 1993 are no longer clear. Take new § 10 (6) or new § 11 (4) as an example. Do you understand what they say? I find these texts irresistably funny, being as obscure as they are. The awkward German style of abstraction and its crossreference technique. We seem to have highly begifted representatives in our parliament who comprehended this mathematics-like art of law-making, or would they otherwise have adopted this Act? Unfortunately artists are a rare species.

I would have omitted these linguistic comments had I not ventured to translate the Act and the Administration Principles into a foreign language. The English language being so marvellously unprecise and so marvellously clear makes it the more apparent how mercilessly precise and mercilessly unclear the German language can be. The translation reveals the quality of the original for the German reader as well. What is expected of a translation, to be verbatim or clear? I endeavoured to translate as literally as necessary and as intelligeably as possible. I had to re-produce the law faithfully bearing in mind that its translation still had to be – if remotely – comprehensible for the reader who does not understand German.

Bei den Verwaltungsgrundsätzen, die ja kein Gesetz sind, habe ich dann versucht, hoffentlich eher verständlicher wiederzugeben, als wörtlich zu übersetzen, was das Bundesfinanzministerium wohl gemeint haben könnte. Die Verwaltungsgrundsätze sind sprachlich besser als das AStG; sie bedienen sich aber der bei Behörden so beliebten substantivischen Ausdrucksweise anstatt der verbalen und enthalten an 11 Stellen das „ggf.", an zwei Stellen Verweisungen darauf und an zwei Stellen das „u. U.", sie arbeiten also an insgesamt 15 Stellen mit bewußten Ungenauigkeiten. Was macht man mit „ggf." und „u. U." in einem amtlichen Text? Wer bestimmt, wann der „Fall gegeben" ist oder welche „Umstände" vorliegen müssen, um so oder anders zu entscheiden? Handelt es sich um subjektive Ermessensvorbehalte oder um mysteriöse objektive Kriterien? Man stelle sich vor, im Strafgesetzbuch stünde „Der Totschläger wird ggf. mit Gefängnis bestraft." Aber daß der Steuerpflichtige ggf. eine Million DM mehr zahlen soll, wird hingenommen.

Wenn gleichwohl der englische Text zuweilen den deutschen zu erhellen vermag, dann würde ich mich für den Leser freuen.

Warnung

Die englische Übersetzung und die Einleitung sind ohne die Kenntnis des deutschen Steuerrechts nicht als verläßliche Erkenntnisquellen zu benutzen! Nur die amtlichen deutschen Texte sind verbindlich. Jedem Benutzer wird dringend empfohlen, sich von fachkundigen Beratern helfen zu lassen, ehe er gestützt auf die hierin enthaltenen Texte irgendeine Entscheidung fällt.

When translating the Administration Principles which are not law I attempted to say in English what has hopefully come out as a clearer showing of what the Federal Ministry of Finance may have intended to convey, rather than what it said literally. The semantics of the Administration Principles are better. They do, however, prefer using substantives rather than verbs as our authorities tend to do, and on top of it they use the abbreviation "ggf." eleven times, they refer thereto twice, and on two occasions you find "u. U.". These abbreviations may mean many things such as "if occasion arises", "if need be", "if necessary" or "in certain cases", "under certain circumstances", "circumstances permitting" or "possibly". The Principles are thus on at least fifteen occasions intentionally vague. How does one cope with these abbreviations in an official text? Who determines when "an occasion arises" or which "circumstances" must prevail allowing a decision one way or another? Do these terms refer to the subjective discretion or do they conceal obscure objective criteria? Imagine the criminal code would say, "The manslaughterer shall be punished with imprisonment if occasion arises". Yet we have to accept that the taxpayer is coerced to pay an extra million if occasion arises.

I keep hoping that the English text occasionally throws a light on the original.

Caution

Neither this English translation nor the Introduction should be used as a reliable source of information if the reader lacks the knowledge of German tax law. Only the official German texts are authoritative. The reader is urged to seek competent advice before making any decision based on the texts reproduced herein.

Gesetz über die Besteuerung bei Auslandsbeziehungen (Außensteuergesetz)

(Artikel 1 des Gesetzes zur Wahrung der steuerlichen Gleichmäßigkeit bei Auslandsbeziehungen und zur Verbesserung der steuerlichen Wettbewerbslage bei Auslandsinvestitionen)

vom 8. September 1972
Bundesgesetzblatt 1972 I S. 1713

geändert durch Gesetze vom 17. April 1974 (BGBl. 1974 I S. 933), vom 21. Dezember 1974 (BGBl. 1974 I S. 3656), vom 6. September 1976 (BGBl. 1976 I S. 2641), vom 14. Dezember 1976 (BGBl. 1976 I S. 3341), vom 20. August 1980 (BGBl. 1980 I S. 1545), vom 22. Dezember 1983 (BGBl. 1983 I S. 1583) und vom 14. Dezember 1984 (BGBl. 1984 I S. 1493), vom 23. September 1990 (BGBl. 1990 II S. 885, 978, 1360), vom 25. Februar 1992 (BGBl. 1992 I S. 297), vom 13. September 1993 (BGBl. 1993 I S. 1569, 1585) und vom 21. Dezember 1993 (BGBl. 1993 I S. 2310, 2332).

Erster Teil
Internationale Verflechtungen

§ 1
Berichtigung von Einkünften *

(1) Werden Einkünfte eines Steuerpflichtigen aus Geschäftsbeziehungen mit einer ihm nahestehenden Person dadurch gemindert, daß er im Rahmen solcher Geschäftsbeziehungen zum Ausland Bedingungen vereinbart, die von denen abweichen, die voneinander unabhängige Dritte unter gleichen oder ähnlichen Verhältnissen vereinbart hätten, so sind seine Einkünfte unbeschadet anderer Vorschriften so anzusetzen, wie sie unter den zwischen unabhängigen Dritten vereinbarten Bedingungen angefallen wären.

---

* Die Verwaltungsgrundsätze zu § 1 sind auf S. 94 ff. abgedruckt.

International Transactions Tax Act (Aussensteuergesetz)

(Article 1 of the Act to Preserve Tax Equality with Respect to International Transactions and to Improve the Competitive Situation Regarding the Taxation of Foreign Investments)

of 8 September 1972
Federal Statutes 1972 I p. 1713

as amended by federal laws of 17 April 1974 (Federal Statutes 1974 I p. 933), of 21 December 1974 (Federal Statutes 1974 I p. 3656), of 6 September 1976 (Federal Statutes 1976 I p. 2641), of 14 December 1976 (Federal Statutes 1976 I p. 3341), of 20 August 1980 (Federal Statutes 1980 I p. 1545), of 23 December 1983 (Federal Statutes 1983 I p.1583), of 14 December 1984 (Federal Statutes 1984 I p. 1493), of 23 September 1990 (Federal Statutes 1990 II p. 885, 978, 1360), of 25 February 1992 (Federal Statutes 1992 I p. 297), of 13 September 1993 (Federal Statutes 1993 I p.1569, 1585), and of 21 December 1993 (Federal Statutes 1993 I p. 2310, 2332).

Part One
International Interrelations

§ 1
Adjustment of Income*

(1) If the income of a taxpayer resulting from his business relationship with a related person is reduced because the taypayer has, within his business relationship extending to a foreign country, agreed on terms and conditions which deviate from those which unrelated third parties would have agreed upon under the same or similar circumstances, then his income shall, notwithstanding other provisions, be so determinded as such income would have been earned under terms and conditions agreed upon between unrelated third parties.

---

* The Regulations pertaining to § 1 are reprinted on pp. 95 ff.

(2) Dem Steuerpflichtigen ist eine Person nahestehend, wenn

1. die Person an dem Steuerpflichtigen mindestens zu einem Viertel unmittelbar oder mittelbar beteiligt (wesentlich beteiligt) ist oder auf den Steuerpflichtigen unmittelbar oder mittelbar einen beherrschenden Einfluß ausüben kann oder umgekehrt der Steuerpflichtige an der Person wesentlich beteiligt ist oder auf diese Person unmittelbar oder mittelbar einen beherrschenden Einfluß ausüben kann oder

2. eine dritte Person sowohl an der Person als auch an dem Steuerpflichtigen wesentlich beteiligt ist oder auf beide unmittelbar oder mittelbar einen beherrschenden Einfluß ausüben kann oder

3. die Person oder der Steuerpflichtige imstande ist, bei der Vereinbarung der Bedingungen einer Geschäftsbeziehung auf den Steuerpflichtigen oder die Person einen außerhalb dieser Geschäftsbeziehung begründeten Einfluß auszuüben oder wenn einer von ihnen ein eigenes Interesse an der Erzielung der Einkünfte des anderen hat.

(3) Ist bei in Absatz 1 genannten Einkünften eine Schätzung nach § 162 der Abgabenordnung[1] vorzunehmen, so ist mangels anderer geeigneter

---

1 **§ 162 Abgabenordnung**
Schätzung von Besteuerungsgrundlagen
(1) Soweit die Finanzbehörde die Besteuerungsgrundlagen nicht ermitteln oder berechnen kann, hat sie sie zu schätzen. Dabei sind alle Umstände zu berücksichtigen, die für die Schätzung von Bedeutung sind.
(2) Zu schätzen ist insbesondere dann, wenn der Steuerpflichtige über seine Angaben keine ausreichenden Aufklärungen zu geben vermag oder weitere Auskunft oder eine Versicherung an Eides Statt verweigert oder seine Mitwirkungspflicht nach § 90 Abs. 2[2] verletzt. Das gleiche gilt, wenn der Steuerpflichtige Bücher oder Aufzeichnungen, die er nach den Steuergesetzen zu führen hat, nicht vorlegen kann oder wenn die Buchführung oder die Aufzeichnungen der Besteuerung nicht nach § 158[3] zugrunde gelegt werden.
(3) In den Fällen des § 155 Abs. 2 können die in einem Grundlagenbescheid festzustellenden Besteuerungsgrundlagen geschätzt werden.
2 **§ 90 Abgabenordnung**
Mitwirkungspflichten der Beteiligten
(1) ...
(2) Ist ein Sachverhalt zu ermitteln und steuerrechtlich zu beurteilen, der sich auf Vorgänge außerhalb des Geltungsbereichs dieses Gesetzes bezieht, so haben die Beteiligten diesen Sachverhalt aufzuklären und die erforderlichen Beweismittel zu beschaffen. Sie haben dabei alle für sie bestehenden rechtlichen und tatsächlichen Möglichkeiten auszuschöpfen. Ein Beteiligter kann sich nicht darauf berufen, daß er Sachverhalte nicht aufklären oder Beweismittel nicht beschaffen kann, wenn er sich nach Lage des Falles bei der Gestaltung seiner Verhältnisse die Möglichkeit dazu hätte beschaffen oder einräumen lassen können.

(2) A taxpayer is related with a person if

1. the person holds directly or indirectly a participation of at least one fourth in the taxpayer's capital (major participation) or if the person is able to exert, directly or indirectly, a controlling influence upon the taxpayer, or vice-versa, if the taxpayer holds a major participation in the capital of the person or is able to exert, directly or indirectly, a controlling influence upon such person, or

2. a third party holds major participations both in the capital of the person and of the taxpayer or is able to exert, directly or indirectly, a controlling influence on both of them, or

3. the person or the taxpayer are able, in agreeing on the terms and conditions of a business relationship, to exert influences on the taxpayer or on the person based on facts beyond such business relationship or if one of them is personally interested in the other party's earning of such income.

(3) If an estimation must be made persuant to § 162 Genral Tax Code[1] with regard to the income referred to in subsec. (1) hereof, then in the

---

1 **§ 162 General Tax Code**
Estimation of Tax Bases
(1) The tax office must estimate the bases of taxation to the extent that it cannot ascertain or compute the same. In so doing all the circumstances must be observed which have a bearing on the estimation.
(2) An estimation must especially be made in case the taxpayer is unable to make sufficient disclosures regarding his statements or in case he refuses to give further information or to make an affidavit or in case he fails to cooperate as set out in § 90 (2)[2]. The same shall apply in case the taxpayer cannot submit books and records which he is required to keep under the tax laws or in case his bookkeping or his records are disregarded in accordance with § 158[3].
(3) Where § 155 (2) [relating to tax base assessments] applies, the tax bases to be assessed in a tax base assessment may be estimated.

2 **§ 90 General Tax Code**
Cooperation of Parties Concerned
(1) ...
(2) If a factual situation must be ascertained and determined under the tax laws pertaining to circumstances outside of Germany, then the parties concerned shall clarify such situation through disclosures and shall obtain the necessary means of evidende. In so doing the parties concerned shall make full use of all legal and actual possibilities available to them. No party concerned may claim inability to clarify facts or to obtain means of evidence if such party under the circumstances of the case could have obtained or reserved such abilities when creating the facts.

Anhaltspunkte bei der Schätzung als Anhaltspunkt von einer Verzinsung für das im Unternehmen eingesetzte Kapital oder einer Umsatzrendite auszugehen, die nach Erfahrung und Üblichkeit unter normalen Umständen zu erwarten ist.

(4) Geschäftsbeziehungen im Sinne der Absätze 1 und 2 liegen vor, wenn die den Einkünften zugrunde liegende Beziehung entweder beim Steuerpflichtigen oder bei der nahestehenden Person Teil einer Tätigkeit ist, auf die die §§ 13[4], 15[5], 18[6] oder 21[7] des Einkommensteuergesetzes anzuwenden sind oder wären, wenn die Tätigkeit im Inland vorgenommen würde.

Zweiter Teil
Wohnsitzwechsel in niedrigbesteuernde Gebiete

§ 2
Einkommensteuer

(1) Eine natürliche Person, die in den letzten zehn Jahren vor dem Ende ihrer unbeschränkten Steuerpflicht nach § 1 Abs. 1 Satz 1 des Einkommensteuergesetzes[8] als Deutscher insgesamt mindestens fünf Jahre unbeschränkt einkommensteuerpflichtig war und

---

3 **§ 158 Abgabenordnung**
Beweiskraft der Buchführung
Die Buchführung und die Aufzeichnungen des Steuerpflichtigen, die den Vorschriften der §§ 140 bis 148 [betr. Buchführungsvorschriften] entsprechen, sind der Besteuerung zugrunde zu legen, soweit nach den Umständen des Einzelfalles kein Anlaß ist, ihre sachliche Richtigkeit zu beanstanden.

4 § 13 EStG betrifft Einkünfte aus Land- und Forstwirtschaft.

5 § 15 EStG betrifft Einkünfte aus Gewerbebetrieb.

6 § 18 EStG betrifft Einkünfte aus selbständiger Arbeit (freiberufliche Tätigkeit, Vermögensverwaltung, Aufsichtsratsmitglieder und einige andere Selbständige).

7 § 21 EStG betrifft Einkünfte aus Vermietung und Verpachtung einschließlich Lizenzeinkünfte.

8 **§ 1 Einkommensteuergesetz**
(1) Natürliche Personen, die im Inland einen Wohnsitz oder ihren gewöhnlichen Aufenthalt haben, sind unbeschränkt einkommensteuerpflichtig. . . .

absence of other suitable criteria such estimation shall be made by using the criterion of a return of the capital invested in the enterprise or of a gross profit which on the basis of experience and usage can be expected under normal circumstances.

(4) A business relationship within the meaning of subsecs. (1) and (2) here-of exists if the relationship underlying the income constitutes – either for the taxpayer or for the related person – part of an activity to which § 13[4], § 15[5], § 18[6] or § 21[7] Income Tax Act applies or would apply if the activity had been carried out domestically.

Part Two
Change of Domicile Into Low-Tax Territories

§ 2
Income Tax

(1) An individual who has been a resident[*]) as a German citizen for at least five years within the last ten years before abandoning his residence as defined in § 1 (1), first sentence Income Tax Act[8] and

---

[*] The term "resident" is not a term of art of German tax terminology. It is used here and elsewhere in this translation as a short form for "a person subject to unlimited taxability" i. e., whose world-wide income is subject to German tax. See footnote 8.

3 **§ 158 General Tax Code**
Conclusiveness of Bookkeeping
The bookkeeping and the records of a taxpayer shall, if found in conformity with §§ 140 through 148 [relating to accounting principles] be made the basis of taxation to the extent that there is no reason to take exception to their accuracy according to the circumstances of the individual case.

4 § 13 Income Tax Act relates to income from agriculture and forestry.

5 § 15 Income Tax Act relates to income from a trade or business.

6 § 18 Income Tax Act relates to income from self-employment (liberal professions, custodians of property, supervisory board members and certain other professionals).

7 § 21 Income Tax Act relates to rentals, leasing income and royalties.

8 **§ 1 Income Tax Act**
(1) Natural persons having a domicile or their habitual place of abode within the domestic territory shall be subject to unlimited taxability.

1. in einem ausländischen Gebiet ansässig ist, in dem sie mit ihrem
   Einkommen nur einer niedrigen Besteuerung unterliegt, oder in keinem ausländischen Gebiet ansässig ist und

2. wesentliche wirtschaftliche Interessen im Geltungsbereich dieses Gesetzes hat,

ist bis zum Ablauf von zehn Jahren nach Ende des Jahres, in dem ihre unbeschränkte Steuerpflicht geendet hat, über die beschränkte Steuerpflicht
im Sinne des Einkommensteuergesetzes hinaus beschränkt einkommensteuerpflichtig mit allen Einkünften im Sinne des § 2 Abs. 1 Satz 1 erster
Halbsatz des Einkommensteuergesetzes[9], die bei unbeschränkter Einkommensteuerpflicht nicht ausländische Einkünfte im Sinne des § 34 c
Abs. 1 des Einkommensteuergesetzes[10] sind. Satz 1 findet nur Anwendung
für Veranlagungszeiträume, in denen die hiernach insgesamt beschränkt
steuerpflichtigen Einkünfte mehr als 32 000 Deutsche Mark betragen.

(2) Eine niedrige Besteuerung im Sinne des Absatzes 1 Nr. 1 liegt vor, wenn

1. die Belastung durch die in dem ausländischen Gebiet erhobene Einkommensteuer – nach dem Tarif unter Einbeziehung von tariflichen
   Freibeträgen – bei einer in diesem Gebiet ansässigen unverheirateten
   natürlichen Person, die ein steuerpflichtiges Einkommen von
   150 000 Deutsche Mark bezieht, um mehr als ein Drittel geringer ist
   als die Belastung einer im Geltungsbereich dieses Gesetzes ansässigen natürlichen Person durch die deutsche Einkommensteuer unter
   sonst gleichen Bedingungen, es sei denn, die Person weist nach, daß
   die von ihrem Einkommen insgesamt zu entrichtenden Steuern mindestens zwei Drittel der Einkommensteuer betragen, die sie bei unbeschränkter Steuerpflicht nach § 1 Abs. 1 des Einkommensteuergesetzes[11] zu entrichten hätte, oder

---

9 § 2 Einkommensteuergesetz
   Umfang der Besteuerung, Begriffsbestimmungen
   (1) Der Einkommensteuer unterliegen
   1. Einkünfte aus Land- und Forstwirtschaft,
   2. Einkünfte aus Gewerbebetrieb,
   3. Einkünfte aus selbständiger Arbeit,
   4. Einkünfte aus nichtselbständiger Arbeit,
   5. Einkünfte aus Kapitalvermögen,
   6. Einkünfte aus Vermietung und Verpachtung,
   7. sonstige Einkünfte im Sinne des § 22 [betr. Einkünfte aus wiederkehrenden
   Bezügen, aus Spekulationsgeschäften und aus sonstigen Leistungen] ...

10 § 34 c EStG betrifft die Anrechnung ausländischer Steuern.
11 Siehe Fußnote 8.

1. who resides in a foreign territory where his income is subject only to a low tax or who is not a resident of any foreign territory, and

2. who maintains considerable economic interests within Germany,

shall, in addition to his exposure to limited taxability within the meaning of the Income Tax Act, remain subject to limited taxability for income tax purposes until the expiration of ten years after the end of the year in which that person abandoned his residence, with regard to all items of income within the meaning of §2 (1), first sentence, first half-sentence, Income Tax Act[9] which, in the case of unlimited taxability for income tax purposes would not constitute income from foreign sources within the meaning of §34c (1) Income Tax Act[10]. The first sentense hereof shall only apply to assessment periods in which the total income becoming subject to limited taxability hereunder exceeds DM 32,000.

(2) A low tax within the meaning of subsec. (1) No. 1 is present if

1. the tax burden resulting from the income tax levied in the foreign territory (according to the rate schedule and considering exemptions built into such rate schedule) from a taxable income of DM 150,000 received by an unmarried natural person residing in that territory is by more than one third lower than the tax burden resulting from the German income tax imposed on a natural person residing in Germany under otherwise equal circumstances, unless such person can show that the total amount of taxes such person has to pay on his income is equal to at least two thirds of the amount of income tax such person would have to pay in the case of unlimited taxability according to §1 (1) Income Tax Act[11], or

---

9 §2 Income Tax Act
  Scope of Tax, Definitions
  (1) The income tax is imposed on
  1. income from agriculture and forestry,
  2. income from trade or business,
  3. income from self-employment,
  4. income from employment,
  5. income from capital,
  6. income from renting or leasing,
  7. other income within the meaning of §22 [relating to certain fixed or determinable periodical income, gains from the transfer of property, and from miscellaneous performances]...

10 §34c Income Tax Act relates to the foreign tax credit.

11 See footnote 8.

2. die Belastung der Person durch die in dem ausländischen Gebiet erhobene Einkommensteuer auf Grund einer gegenüber der allgemeinen Besteuerung eingeräumten Vorzugsbesteuerung erheblich gemindert sein kann, es sei denn, die Person weist nach, daß die von ihrem Einkommen insgesamt zu entrichtenden Steuern mindestens zwei Drittel der Einkommensteuer betragen, die sie bei unbeschränkter Steuerpflicht nach § 1 Abs. 1 des Einkommensteuergesetzes[12] zu entrichten hätte.

(3) Eine Person hat im Sinne des Absatzes 1 Nr. 2 wesentliche wirtschaftliche Interessen im Geltungsbereich dieses Gesetzes, wenn

1. sie zu Beginn des Veranlagungszeitraums Unternehmer oder Mitunternehmer eines im Geltungsbereich dieses Gesetzes belegenen Gewerbebetriebs ist oder, sofern sie Kommanditist ist, mehr als 25 vom Hundert der Einkünfte im Sinne des § 15 Abs. 1 Ziff. 2 des Einkommensteuergesetzes[13] aus der Gesellschaft auf sie entfallen oder ihr eine wesentliche Beteiligung im Sinne des § 17 Abs. 1 Satz 3 des Einkommensteuergesetzes[14] an einer inländischen Kapitalgesellschaft gehört oder

2. ihre Einkünfte, die bei unbeschränkter Einkommensteuerpflicht nicht ausländische Einkünfte im Sinne des § 34 c Abs. 1 des Einkommensteuergesetzes[15] sind, im Veranlagungszeitraum mehr als 30 vom Hundert ihrer sämtlichen Einkünfte betragen oder 120 000 Deutsche Mark übersteigen oder

3. zu Beginn des Veranlagungszeitraums ihr Vermögen, dessen Erträge bei unbeschränkter Einkommensteuerpflicht nicht ausländische Einkünfte im Sinne des § 34 c Abs. 1 des Einkommensteuergesetzes[16] wären, mehr als 30 vom Hundert ihres Gesamtvermögens beträgt oder 300 000 Deutsche Mark übersteigt.

(4) Bei der Anwendung der Absätze 1 und 3 sind bei einer Person Gewerbebetriebe, Beteiligungen, Einkünfte und Vermögen einer ausländischen Gesellschaft im Sinne des § 5, an der die Person unter den dort genannten Voraussetzungen beteiligt ist, entsprechend ihrer Beteiligung zu berücksichtigen.

---

12 Siehe Fußnote 8.

13 § 15 Abs. 1 Nr. 2 EStG definiert die Einkünfte aus Gewerbebetrieb des Mitunternehmers.

14 Die Verweisung auf § 17 Abs. 1 Satz 3 EStG ist unrichtig geworden. Aufgrund des Gesetzes vom 25. 2. 1992 (BGBl. I S. 297) steht die Definition der „wesentlichen Beteiligung" jetzt in § 17 Abs. 1 Satz 4 EStG.

15 Siehe Fußnote 10.

16 Siehe Fußnote 10.

2. the tax burden of such person resulting from the income tax imposed in the foreign territory may be considerably reduced due to special tax privileges granted in comparison with the normal taxation, unless such person can show that the total amount of taxes such person has to pay on his income is equal to at least two thirds of the amount of income tax such person would have to pay in the case of unlimited taxability according to § 1 (1) Income Tax Act[12].

(3) A person maintains considerable economic interests within Germany within the meaning of subsec. (1) No. 2 if

1. at the beginning of the assessment period such person is the entrepreneur or the partner of a business enterprise located in Germany or, in case such person is a limited partner, more than 25 per cent of the income from that company within the meaning of § 15 (1) No. 2 Income Tax Act[13] are attributable to such person or if such person owns a major participation in a domestic corporation within the meaning of § 17 (1), 3rd sentence, Income Tax Act[14], or

2. the income of the person which would not constitute income from foreign sources within the meaning of § 34 c (1) Income Tax Act[15] in the case of unlimited taxability for income tax purposes amounts to more than 30 per cent of his total income or exceeds DM 120,000 in the assessment period, or

3. at the beginning of the assessment period the property of such person the proceeds from which would not constitute income from foreign sources within the meaning of § 34 c (1) Income Tax Act[16] in the case of unlimited taxability for income tax purposes amounts to more than 30 per cent of his total property or exceeds DM 300,000.

(4) When applying subsec. (1) and subsec. (3), business enterprises, participations, income and property of a foreign corporation within the meaning of § 5 of which the person holds shares under the prerequisites described in § 5 shall be taken into consideration in proportion to the shareholdings of such person.

---

12 See footnote 8.

13 § 15 (1) No. 2 Income Tax Act defines income from trade or business of a partner.

14 The reference to the 3rd sentence in § 17 (1) Income Tax Act has become incorrect. The law of 25 Febr. 1992 (Federal Statutes I p. 297) moved the definition of a "major participation" to the 4th sentence of § 17 (1) Income Tax Act.

15 See footnote 10.

16 See footnote 10.

(5) Ist Absatz 1 anzuwenden, so kommt der Steuersatz zur Anwendung, der sich für sämtliche Einkünfte der Person ergibt. Auf Einkünfte, die dem Steuerabzug vom Kapitalertrag oder dem Steuerabzug auf Grund des § 50 a des Einkommensteuergesetzes[17] unterliegen, ist § 50 Abs. 5 des Einkommensteuergesetzes[18] nicht anzuwenden. § 50 Abs. 3 Satz 2 des Einkommensteuergesetzes[19] gilt mit der Maßgabe, daß die Einkommensteuer die Steuerabzugsbeträge nicht unterschreiten darf.

(6) Weist die Person nach, daß die auf Grund der Absätze 1 und 5 zusätzlich zu entrichtende Steuer insgesamt zu einer höheren inländischen Steuer führt, als sie sie bei unbeschränkter Steuerpflicht und Wohnsitz ausschließlich im Geltungsbereich dieses Gesetzes zu entrichten hätte, so wird der übersteigende Betrag insoweit nicht erhoben, als er die Steuer überschreitet, die sich ohne Anwendung der Absätze 1 und 5 ergäbe.

§ 3
Vermögensteuer

(1) Ist § 2 Abs. 1 Satz 1 anzuwenden, so ist die Person über das Inlandsvermögen im Sinne des § 121 Abs. 2 des Bewertungsgesetzes[20] hinaus mit allem Vermögen beschränkt vermögensteuerpflichtig, dessen Erträge bei unbeschränkter Einkommensteuerpflicht nicht ausländische Einkünfte im Sinne des § 34 c Abs 1 des Einkommensteuergesetzes[21] wären. Die

---

17 § 50 a Einkommensteuergesetz bestimmt, daß bei beschränkt Steuerpflichtigen die Einkommensteuer auf Aufsichtsratsvergütungen, Einkünfte aus der Tätigkeit von Künstlern, Berufssportlern, Schriftstellern und Journalisten, sowie auf Lizenzgebühren für Urheberrechte, gewerbliche Schutzrechte und Know-how im Wege des Steuerabzugs erhoben wird.

18 § 50 Abs. 5 EStG betrifft die Abgeltung der Einkommensteuer durch den Steuerabzug bei beschränkt Steuerpflichtigen.

19 **§ 50 Einkommensteuergesetz
Sondervorschriften für beschränkt Steuerpflichtige**
(1)–(2) ...
(3) ...Die Einkommensteuer beträgt mindestens 25 vom Hundert des Einkommens. ...

20 § 121 Abs. 2 BewG bestimmt, was zum Inlandsvermögen eines beschränkt Steuerpflichtigen gehört.

21 Siehe Fußnote 10.

(5) If subsec. (1) applies, then the tax rate shall apply which would apply to the total amount of income of the person. § 50 (5) Income Tax Act[18] shall not apply to income subject to the withholding tax on capital revenues or subject to the withholding tax under § 50 a Income Tax Act[17]. § 50 (3), second sentence of the Income Tax Act[19] shall apply with the proviso that the income tax may not be lower than the amounts of tax to be withheld.

(6) If the person can show that the additional tax payable by virtue of subsecs. (1) and (5) results in a total domestic tax exceeding the amount of the tax which would become payable in the case of unlimited taxability and in case the person were a resident of Germany only, then the excessive amount shall not be levied to the extent exceeding the amount of tax payable without the application of subsecs. (1) and (5).

§ 3
Property Tax

(1) If § 2 (1), first sentence applies, then the person shall be subject to limited taxability for property tax purposes with all his property (over and above his domestic property within the meaning of § 121 (2) Valuation Law[20] the proceeds from which would not constitute income from foreign sources within the meaning of § 34 c (1) Income Tax Act[21] in the case of unlimit-

---

17 § 50 a Income Tax Act provides for the withholding of tax at the source in the case of foreign taxpayers receiving remunerations as Supervisory Board Members of domestic corporations, or as actors, professional sportsmen, writers or journalists, as well as in the case of royalties from copyrights, industrial property rights and know-how.

18 § 50 (5) Income Tax Act refers to the withholding tax as the final tax liability of non-residents.

19 **§ 50 Income Tax Act**
Special Provisions For Persons Subject to Limited Taxability
(1)–(2)...
(3) ... The income tax shall amount to at least 25 per cent of the income ...

20 § 121 (2) Valuation Law provides what constitutes domestic property of a non-resident.

21 See footnote 10.

§§ 110[22], 111[23] und 121 Abs. 3 des Bewertungsgesetzes[24] sind entsprechend anzuwenden.

(2) Von dem Vermögen, auf das sich nach Abs. 1 über das Inlandsvermögen im Sinne des § 121 Abs. 2 des Bewertungsgesetzes[25] hinaus die beschränkte Vermögensteuerpflicht erstreckt, bleiben 60 000 Deutsche Mark steuerfrei.

(3) § 2 Abs. 4 ist entsprechend anzuwenden.

§ 4
Erbschaftsteuer

(1) War bei einem Erblasser oder Schenker zur Zeit der Entstehung der Steuerschuld § 2 Abs. 1 Satz 1 anzuwenden, so tritt bei Erbschaftsteuerpflicht nach § 2 Abs. 1 Nr. 3 des Erbschaftsteuergesetzes[26] die Steuerpflicht über den dort bezeichneten Umfang hinaus für alle Teile des Erwerbs ein, deren Erträge bei unbeschränkter Einkommensteuerpflicht nicht ausländische Einkünfte im Sinne des § 34 c Abs. 1 des Einkommensteuergesetzes[27] wären.

(2) Absatz 1 findet keine Anwendung, wenn nachgewiesen wird, daß für die Teile des Erwerbs, die nach dieser Vorschrift über § 2 Abs. 1 Nr. 3 des Erbschaftsteuergesetzes[28] hinaus steuerpflichtig wären, im Ausland eine der deutschen Erbschaftsteuer entsprechende Steuer zu entrichten ist, die mindestens 30 vom Hundert der deutschen Erbschaftsteuer beträgt, die bei Anwendung des Absatzes 1 auf diese Teile des Erwerbs entfallen würde.

---

22 § 110 Bewertungsgesetz bestimmt den Begriff und den Umfang des „sonstigen Vermögens", soweit es nicht zum land- und forstwirtschaftlichen Vermögen, zum Grundvermögen oder zum Betriebsvermögen gehört, und das der Besteuerung unterliegt, wie z. B. Bargeld, Aktien, Bankguthaben, Wertsachen, Schmuck, Kunstsammlungen, Erfindungen, Forderungen und bestimmte Versicherungsansprüche.

23 § 111 Bewertungsgesetz zählt die nicht zum „sonstigen Vermögen" (siehe Fußnote 22) gehörigen Wirtschaftsgüter auf, z. B. bestimmte Pensions- und Sozialversicherungsansprüche und ähnliche Rechte, sowie Hausrat.

24 § 121 Abs. 3 BewG betrifft von der Vermögensteuer befreite Wirtschaftsgüter und den Freibetrag bei Betriebsvermögen.

25 Siehe Fußnote 20.

26 § 2 Abs. 1 Nr. 3 ErbStG betrifft den Vermögensanfall bei beschränkt Steuerpflichtigen bezüglich Inlandsvermögen.

27 Siehe Fußnote 10.

28 Siehe Fußnote 26.

ed taxability for income tax purposes. §§ 110[22], 111[23] and 121 (3) of the Valuation Law[24] shall apply correspondingly.

(2) There shall be exempt from the tax property equal to DM 60,000 falling (over and above the domestic property within the meaning of § 121 (2) Valuation Law[25]) under the limited taxability for property tax purposes pursuant to subsec. (1) hereof.

(3) § 2 (4) shall apply correspondingly.

§4
Inheritance Tax

(1) If § 2 (1), first sentence, applied to a decendent or donor at the time when the tax liability arose, then in the case of an inheritance tax liability arising pursuant to § 2 (1) No. 3 Inheritance Tax Act[26] such liability shall (over and above the scope defined therein) encompass all items transferred the proceeds from which would not constitute income from foreign sources within the meaning of § 34 c (1) Income Tax Act[27] in the case of unlimited taxability for income tax purposes.

(2) Subsec. (1) shall not apply if it can be shown that with respect to the items transferred which would be subject to tax according to this provision over and above § 2 (1) No. 3 Inheritance Tax Act[28], a tax corresponding to the German inheritance tax has to be paid abroad equal to at least 30 per cent of the German inheritance tax which would become payable on those items transferred if subsec. (1) were applied thereto.

---

22 § 110 Valuation Law contains the definition and describes the scope of the so-called "other property" – over and above the agricultural and forestry property, real property, and business property – which is subject to the tax, such as cash, shares, valuables, jewelry, art collections, inventions, receivables and certain insurance claims.

23 § 111 Valuation Law lists the items not included in the "other property" [see footnote 22], such as certain pension rights and social security claims and similar rights, and household utensils.

24 § 121 (3) Valuation Law relates to items of property exempt from the property tax and to the standard exemption applicable to business property.

25 See footnote 20.

26 § 2 (1) No. 3 Inheritance (and Gift) Tax Act relates to transfers of domestic property to non-residents.

27 See footnote 10.

28 See footnote 26.

§ 5
Zwischengeschaltete Gesellschaften

(1) Sind natürliche Personen, die in den letzten zehn Jahren vor dem Ende ihrer unbeschränkten Steuerpflicht nach § 1 Abs. 1 Satz 1 des Einkommensteuergesetzes[29] als Deutscher insgesamt mindestens fünf Jahre unbeschränkt einkommensteuerpflichtig waren und die Voraussetzungen des § 2 Abs. 1 Satz 1 Nr. 1 erfüllen (Person im Sinne des § 2), allein oder zusammen mit unbeschränkt Steuerpflichtigen an einer ausländischen Gesellschaft im Sinne des § 7 beteiligt, so sind Einkünfte, mit denen diese Personen bei unbeschränkter Steuerpflicht nach den §§ 7, 8 und 14 steuerpflichtig wären und die nicht ausländische Einkünfte im Sinne des § 34 c Abs. 1 des Einkommensteuergesetzes[30] sind, diesen Personen zuzurechnen. Liegen die Voraussetzungen des Satzes 1 vor, so sind die Vermögenswerte der ausländischen Gesellschaft, deren Erträge bei unbeschränkter Steuerpflicht nicht ausländische Einkünfte im Sinne des § 34 c Abs. 1 des Einkommensteuergesetzes[31] wären, im Fall des § 3 der Person, im Fall des § 4 dem Erwerb entsprechend der Beteiligung zuzurechnen.

(2) Das Vermögen, das den nach Absatz 1 einer Person zuzurechnenden Einkünften zugrunde liegt, haftet für die von dieser Person für diese Einkünfte geschuldeten Steuern.

(3) § 18 findet entsprechende Anwendung.

---

29 Siehe Fußnote 8.
30 Siehe Fußnote 10.
31 Siehe Fußnote 10.

§5
Interposed Companies

(1) In the case of individuals who have been residents as German citizens for at least five years within the last ten years before abandoning their residence (as defined in § 1 (1), first sentence Income Tax Act[29]), and who meet the requirements of §2 (1), first sentence, No. 1 hereof (person within the meaning of § 2), and who participate, either by themselves or together with persons being subject to unlimited taxability [=residents], in a foreign corporation within the meaning of § 7, there shall be attributed to such individuals the income with respect to which such individuals would have been subject to tax pursuant to §§ 7, 8, and 14 had they maintained their residence, except for such items of income constituting income from foreign sources within the meaning of § 34 c (1) Income Tax Act[30]. When the requirements of the first sentence are met, then those of the assets of the foreign corporation the proceeds of which would not form foreign source income within the meaning of § 34 c (1) Income Tax Act[31] in the case of unlimited taxability, shall, in the case of § 3, be attributed to the individual and in the case of § 4, to the transfer in proportion to the participation, respectively.

(2) The property forming the basis of the income to be attributed to a person pursuant to subsec. (1) shall be liable for the taxes owed by such person for such income.

(3) § 18 shall apply correspondingly.

---

29 See footnote 8.
30 See footnote 10.
31 See footnote 10.

Dritter Teil
Behandlung wesentlicher Beteiligungen bei Wohnsitzwechsel ins Ausland

§ 6
Besteuerung des Vermögenszuwachses

(1) Bei einer natürlichen Person, die insgesamt mindestens zehn Jahre nach § 1 Abs. 1 des Einkommensteuergesetzes[32] unbeschränkt einkommensteuerpflichtig war und deren unbeschränkte Steuerpflicht durch Aufgabe des Wohnsitzes oder gewöhnlichen Aufenthaltes endet, ist auf Anteile an einer inländischen Kapitalgesellschaft § 17 des Einkommensteuergesetzes[33] im Zeitpunkt der Beendigung der unbeschränkten Steuerpflicht auch ohne Veräußerung anzuwenden, wenn im übrigen für die Anteile zu diesem Zeitpunkt die Voraussetzungen dieser Vorschrift erfüllt sind. Bei Anteilen, für die die Person nachweist, daß sie ihr bereits im Zeitpunkt der erstmaligen Begründung der unbeschränkten Steuerpflicht gehört haben, ist als Anschaffungskosten der gemeine Wert der Anteile in diesem Zeitpunkt anzusetzen. An Stelle des Veräußerungspreises (§ 17 Abs. 2 des Einkommensteuergesetzes)[34] tritt der gemeine Wert der Anteile im Zeitpunkt der Beendigung der unbeschränkten Steuerpflicht. § 34 des Einkommensteuergesetzes[35] ist entsprechend anzuwenden. § 17[36] und § 49 Abs. 1 Nr. 2 Buchst. e des Einkommensteuergesetzes[37] bleiben mit der Maßgabe unberührt, daß der nach diesen Vorschriften anzusetzende Gewinn aus der Veräußerung von Anteilen um den nach den vorstehenden Vorschriften besteuerten Vermögenszuwachs zu kürzen ist.

---

32 Siehe Fußnote 8.

33 § 17 EStG betrifft die Veräußerung von Anteilen an Kapitalgesellschaften bei wesentlicher Beteiligung.

34 Siehe Fußnote 33.

35 § 34 EStG betrifft ermäßigte Steuersätze bei außerordentlichen Einkünften, zu denen auch Gewinne aus der Veräußerung von Anteilen an Kapitalgesellschaften gehören, wenn der Veräußernde an der Gesellschaft wesentlich, also zu mehr als 25 %, beteiligt war und die veräußerten Anteile nicht zu einem Betriebsvermögen gehörten.

36 Siehe Fußnote 33.

37 § 49 Abs. 1 Nr. 2 Buchst. e EStG bestimmt, daß zu den inländischen Einkünften im Sinne der beschränkten Steuerpflicht solche aus der Veräußerung von Anteilen an einer inländischen Kapitalgesellschaft gehören, wenn die Voraussetzungen des § 17 EStG (siehe Fußnoten 33 und 35) vorlagen.

Part Three
Tax Treatment of Major Shareholdings
of Emigrants

§6
Taxation of Wealth Increases

(1) An individual who had been subject to unlimited taxability pursuant to §1 (1) Income Tax Act[32] for at least ten years and whose unlimited taxability ends because of an abandonment of his residence or habitual place of abode, shall be subject to §17 Income Tax Act[33] with regard to his participations in a domestic corporation at the time when his unlimited taxability ends even in the absence of an alienation of the shares, provided that the other requirements of the said §17 regarding the shares are met at that time. As regards shares for which the person can prove that they belonged to him at the time when the person first became subject to unlimited taxability, the cost of acquisition for such shares shall be equal to their fair market value at that time. The sales price (§17 [2] Income Tax Act[34]) shall be substituted by the fair market value of the shares at the time when the unlimited taxability ends. §34 Income Tax Act[35] shall apply correspondingly. §17[36] and §49 (1) No. 2 lit.e Income Tax Act[37] shall remain unaffected with the proviso that the gain realized according to these provisions shall be reduced by the amount of the wealth increase taxed under the above provisions.

---

32 See footnote 8.

33 §17 Income Tax Act relates to the alienation of shares in a corporation if there was a major participation.

34 See footnote 33.

35 §34 Income Tax Act relates to a reduced tax rate in the event of extraordinary items of income which also include capital gains realized upon the alienation of shares if the alienator has held a major participation, i. e., more than 25 per cent of the stock and if the shares alienated did not belong to a trade or business.

36 See footnote 33.

37 §49 (1) No. 2 lit.e Income Tax Act provides that the taxable income of a non-resident includes capital gains from the alienation of shares of a domestic corporation if the prerequisites of §17 [see footnotes 33 and 35] are met.

(2) Hat der unbeschränkt Steuerpflichtige die Anteile durch ganz oder teilweise unentgeltliches Rechtsgeschäft erworben, so sind für die Errechnung der nach Abs. 1 maßgebenden Dauer der unbeschränkten Steuerpflicht auch Zeiträume einzubeziehen, in denen der Rechtsvorgänger bis zur Übertragung der Anteile unbeschränkt steuerpflichtig war. Sind die Anteile mehrmals nacheinander in dieser Weise übertragen worden, so gilt Satz 1 für jeden der Rechtsvorgänger entsprechend. Zeiträume, in denen die Person oder ein oder mehrere Rechtsvorgänger gleichzeitig unbeschränkt steuerpflichtig waren, werden dabei nur einmal angesetzt.

(3) Der Beendigung der unbeschränkten Steuerpflicht im Sinne des Absatzes 1 Satz 1 steht gleich

1. die Übertragung der Anteile durch ganz oder teilweise unentgeltliches Rechtsgeschäft unter Lebenden auf nicht unbeschränkt steuerpflichtige Personen; die Steuer wird auf Antrag ermäßigt oder erlassen, wenn für die Übertragung der Anteile Erbschaftsteuer zu entrichten ist; oder

2. die Begründung eines Wohnsitzes oder gewöhnlichen Aufenthaltes oder die Erfüllung eines anderen ähnlichen Merkmals in einem ausländischen Staat, wenn die Person auf Grund dessen nach einem Abkommen zur Vermeidung der Doppelbesteuerung als in diesem Staat ansässig anzusehen ist, oder

3. die Einlage der Anteile in einen Betrieb oder eine Betriebsstätte der Person in einem ausländischen Staat, wenn das Besteuerungsrecht der Bundesrepublik Deutschland hinsichtlich des Gewinns aus der Veräußerung der Anteile durch ein Abkommen zur Vermeidung der Doppelbesteuerung ausgeschlossen wird, oder

4. der Tausch der Anteile gegen Anteile an einer ausländischen Kapitalgesellschaft. Die Anwendung des § 20 Abs. 6 Satz 2 des Gesetzes über steuerliche Maßnahmen bei Änderung der Unternehmensform[38] bleibt unberührt.

(4) Beruht die Beendigung der unbeschränkten Steuerpflicht auf vorübergehender Abwesenheit und wird der Steuerpflichtige innerhalb von fünf Jahren seit Beendigung der unbeschränkten Steuerpflicht wieder unbeschränkt einkommensteuerpflichtig, so entfällt der Steueranspruch nach Absatz 1, soweit die Anteile in der Zwischenzeit nicht veräußert oder die Tatbestände des Absatzes 3 Nr. 1, 3 und 4 erfüllt worden sind; das Finanzamt kann diese Frist um höchstens fünf Jahre verlängern, wenn der Steuer-

---

38 § 20 Abs. 6 Satz 2 UmwStG betrifft die Einbringung von Anteilen an Kapitalgesellschaften innerhalb der Europäischen Union in andere Kapitalgesellschaften innerhalb der Europäischen Union.

(2) In case the person subject to unlimited taxability had acquired the shares partly or wholly by inheritance, gift or bequeath, then the time period during which the predecessor in title was subject to unlimited taxability until the transfer of the shares shall be included in the computation of the time period of unlimited taxability under subsec. (1). If the shares had been transferred several times in this way, then the first sentence shall apply to each predecessor correspondingly. Periods of time during which the person or one or more of his predecessors were subject to unlimited taxability simultaneously shall be counted only once.

(3) The following shall be equal to a cessation of unlimited taxability within the meaning of subsec. (1), first sentence:

1. The transfer of the shares wholly or partly by gift to persons not being subject to unlimited taxability; the tax shall be reduced or abated upon application if the transfer of the shares is subject to gift tax, or

2. the taking of a residence or of a usual place of abode or the meeting of another similar criterion in a foreign state if this would make the person a resident of such other state by virtue of a Double Taxation Convention, or

3. the contribution in kind of the shares to a business or a permanent establishment of the person located in a foreign state if the right of the Federal Republic of Germany to tax the gain realized upon the sale of the shares is excluded by virtue of a Double Taxation Convention, or

4. the exchange of the shares against shares in a foreign corporation. § 20 (6), 2nd sentence of the Reorganization Tax Act[38] shall remain unaffected.

(4) If the unlimited taxability ends because of a temporary absence and if the taxpayer again becomes subject to unlimited taxability with regard to income within five years after his unlimited taxability had ended, then there shall be no tax under subsec. (1), unless the shares are alienated in the meantime or unless the situations described in subsec. (3) Numbers 1, 3 and 4 have occurred; the tax office may extend this time period by not more than five years if the taxpayer can substantiate that his absence is

---

38 § 20 (6), 2nd sentence Reorganization Tax Act relates to the contribution to a corporation within the European Union of shares of another corporation in the European Union.

pflichtige glaubhaft macht, daß berufliche Gründe für seine Abwesenheit maßgebend sind und seine Absicht zur Rückkehr unverändert fortbesteht.

(5) Die nach Absatz 1 geschuldete Einkommensteuer ist auf Antrag in regelmäßigen Teilbeträgen für einen Zeitraum von höchstens fünf Jahren seit Eintritt der ersten Fälligkeit gegen Sicherheitsleistung zu stunden, wenn ihre alsbaldige Einziehung mit erheblichen Härten für den Steuerpflichtigen verbunden wäre. Bei einer Veräußerung von Anteilen während des Stundungszeitraums ist die Stundung entsprechend zu berichtigen. In Fällen des Absatzes 4 richtet sich der Stundungszeitraum nach der auf Grund dieser Vorschrift eingeräumten Frist; die Erhebung von Teilbeträgen entfällt; von der Sicherheitsleistung kann nur abgesehen werden, wenn der Steueranspruch nicht gefährdet erscheint.

Vierter Teil
Beteiligung an ausländischen Zwischengesellschaften

§ 7
Steuerpflicht inländischer Gesellschafter

(1) Sind unbeschränkt Steuerpflichtige an einer Körperschaft, Personenvereinigung oder Vermögensmasse im Sinne des Körperschaftsteuergesetzes, die weder Geschäftsleitung noch Sitz im Geltungsbereich dieses Gesetzes hat und die nicht gemäß § 3 Abs. 1 des Körperschaftsteuergesetzes[39] von der Körperschaftsteuerpflicht ausgenommen ist (ausländische Gesellschaft), zu mehr als der Hälfte beteiligt, so sind die Einkünfte, für die diese Gesellschaft Zwischengesellschaft ist, bei jedem von ihnen mit dem Teil steuerpflichtig, der auf die ihm zuzurechnende Beteiligung am Nennkapital der Gesellschaft entfällt.

(2) Unbeschränkt Steuerpflichtige sind im Sinne des Absatzes 1 an einer ausländischen Gesellschaft zu mehr als der Hälfte beteiligt, wenn ihnen allein oder zusammen mit Personen im Sinne des § 2 am Ende des Wirt-

---

39 § 3 Körperschaftsteuergesetz
    Abgrenzung der Steuerpflicht bei nichtrechtsfähigen Personenvereinigungen und Vermögensmassen sowie bei Realgemeinden
    (1) Nichtrechtsfähige Personenvereinigungen, Anstalten, Stiftungen und andere Zweckvermögen sind körperschaftsteuerpflichtig, wenn ihr Einkommen weder nach diesem Gesetz noch nach dem Einkommensteuergesetz unmittelbar bei einem anderen Steuerpflichtigen zu versteuern ist.

due to professional reasons and that his intention to return remains unchanged.

(5) Upon application, the tax office shall permit installment payments, against security, regarding the income tax payable under subsec. (1) to be made in equal installments over a period of not more than five years after the date when the tax first became due, if an immediate collection of the tax would result in a considerable hardship to the taxpayer. In case of an alienation of shares during the installment period, the installments shall be adjusted accordingly. If subsec. (4) applies, then the installment period shall be governed by the time period granted to the taxpayer thereunder; partial tax payments shall not be collected; a security may only be waived if the collection of the tax does not appear to be endangered.

Part Four
Participation in Foreign Intermediate Companies

§7
Tax Imposed On Domestic Shareholders

(1) If individual or corporate residents participate with more than one half in a corporation, an association or a conglomeration of assets as defined in the Corporation Income Tax Act having neither its central management nor its corporate seat in Germany and not qualifying as a tax-exempt organization under § 3 (1) Corporation Income Tax Act[39] (foreign corporation), then that part of the income for which the said corporation is an intermediate company shall be included in the income of each of the said residents in proportion to their participation in the foreign corporation.

(2) For purposes of subsec. (1), residents are considered to participate with more than one half in a foreign corporation if at the end of the fiscal year of the corporation in which the corporation earned the income referred to in

---

39 **§ 3 Corporation Income Tax Act**
Tax Liability of Associations Without Legal Personality, of Conglomerations of Assets and of Real Property Organizations
(1) Associations, institutions, foundations and other funds without legal personality are subject to the corporation income tax if their income is not directly taxable in the hands of another taxpayer by virtue of this Act or of the Income Tax Act.

schaftsjahres der Gesellschaft, in dem sie die Einkünfte nach Absatz 1 bezogen hat (maßgebendes Wirtschaftsjahr), mehr als 50 vom Hundert der
Anteile oder der Stimmrechte an der ausländischen Gesellschaft zuzurechnen sind. Bei der Anwendung des vorstehenden Satzes sind auch Anteile oder Stimmrechte zu berücksichtigen, die durch eine andere Gesellschaft vermittelt werden, und zwar in dem Verhältnis, das den Anteilen
oder Stimmrechten an der vermittelnden Gesellschaft zu den gesamten
Anteilen oder Stimmrechten an dieser Gesellschaft entspricht; dies gilt
entsprechend bei der Vermittlung von Anteilen oder Stimmrechten durch
mehrere Gesellschaften. Ist ein Gesellschaftskapital nicht vorhanden und
bestehen auch keine Stimmrechte, so kommt es auf das Verhältnis der Beteiligungen am Vermögen der Gesellschaft an.

(3) Sind unbeschränkt Steuerpflichtige unmittelbar oder über Personengesellschaften an einer Personengesellschaft beteiligt, die ihrerseits an einer
ausländischen Gesellschaft im Sinne des Absatzes 1 beteiligt ist, so gelten
sie als an der ausländischen Gesellschaft beteiligt.

(4) Einem unbeschränkt Steuerpflichtigen sind für die Anwendung der
§§ 7 bis 14 auch Anteile oder Stimmrechte zuzurechnen, die eine Person
hält, die seinen Weisungen so zu folgen hat oder so folgt, daß ihr kein eigener wesentlicher Entscheidungsspielraum bleibt. Diese Voraussetzung ist
nicht schon allein dadurch erfüllt, daß der unbeschränkt Steuerpflichtige
an der Person beteiligt ist.

(5) Ist für die Gewinnverteilung der ausländischen Gesellschaft nicht die
Beteiligung am Nennkapital maßgebend oder hat die Gesellschaft kein
Nennkapital, so ist der Aufteilung der Einkünfte nach Absatz 1 der Maßstab für die Gewinnverteilung zugrunde zu legen.

(6) Ist eine ausländische Gesellschaft Zwischengesellschaft für Zwischeneinkünfte* mit Kapitalanlagecharakter im Sinne des § 10 Abs. 6 Satz 2
und ist ein unbeschränkt Steuerpflichtiger an der Gesellschaft zu mindestens 10 vom Hundert beteiligt, sind diese Zwischeneinkünfte bei diesem
Steuerpflichtigen in dem in Absatz 1 bestimmten Umfang steuerpflichtig, auch wenn die Voraussetzungen des Absatzes 1 im übrigen nicht erfüllt sind. Satz 1 ist nicht anzuwenden, wenn die den Zwischeneinkünften mit Kapitalanlagecharakter zugrunde liegenden Bruttoerträge nicht
mehr als 10 vom Hundert der gesamten Bruttoerträge der ausländischen
Zwischengesellschaft betragen und die bei einer Zwischengesellschaft

---

*   Der Ausdruck „Zwischeneinkünfte" ist neu im Gesetz. Er wurde durch das Gesetz vom 25. 2. 1992 eingeführt. Dieser Ausdruck scheint das zu bezeichnen, was
das Gesetz bisher als „Einkünfte von Zwischengesellschaften" zu bezeichnen
pflegte, siehe § 8.

subsec. (1) (controlling fiscal year), more than 50 per cent of the shares or of the voting rights in the foreign corporation are attributable to either such residents or to such residents together with persons referred to in § 2. In applying the foregoing sentence, there shall also be taken into consideration those shares and voting rights which are held by another corporation on behalf of the said residents or persons; provided that the shareholdings and voting rights of that other corporation shall only be taken into consideration in the same proportion which the shares or voting rights in that corporation bears to all of the shares or voting rights in that corporation; the above shall apply correspondingly if shares or voting rights are indirectly held by several interposed companies. In the absence of a share capital and of voting rights, the participation in the assets of the company shall be controlling.

(3) If residents are, either directly or through partnerships, partners of a partnership which in turn participates in a foreign corporation within the meaning ob subsec. (1), then the residents are considered to hold such participations personally.

(4) There shall also be attributed to a resident, for purposes of §§ 7 through 14, those shares and voting rights which are held by a person who has to follow or who actually follows, the instructions of the resident in such a way that the said person has no substantial freedom of making his own decisions. This prerequisite is not fulfilled merely because the resident owns an interest in such person.

(5) If the participation in the capital of the foreign corporation is immaterial for the distribution of its profits or if the foreign corporation does not have a share capital, then the actual distribution of its profits shall be the basis for the allocation of its profits under subsec. (1).

(6) If a foreign corporation is an intermediate company with respect to intermediate income* with capital investment character within the meaning of § 10 (6), 2nd sentence, and if a resident taxpayer owns at least 10 per cent of the stock of such corporation, then such intermediate income shall be taxable in the hands of such resident to the extent prescribed for in subsec. (1), regardless of whether the other prerequisites of subsec. (1) are met. The 1st sentence shall not apply if the gross receipts underlying the intermediate income with capital investment character do not exceed 10 per cent of the entire gross receipts of the foreign intermediate company and if the amounts thus to be disregarded on the level of an intermedi-

---

* The term "intermediate income" is new in the Act. This term was introduced by the federal law of 25 February 1992. This term appears to refer to what the Act would otherwise call "income of intermediate companies", see § 8.

oder bei einem Steuerpflichtigen hiernach außer Ansatz zu lassenden Beträge insgesamt 120 000 Deutsche Mark nicht übersteigen; bei der Berechnung der Bruttoerträge sind die Beträge, die sich auf unter § 13 Abs. 1 fallende Einkünfte beziehen, außer Ansatz zu lassen.

§ 8
Einkünfte von Zwischengesellschaften

(1) Eine ausländische Gesellschaft ist Zwischengesellschaft für Einkünfte, die einer niedrigen Besteuerung unterliegen und nicht stammen aus:

1. der Land- und Forstwirtschaft,

2. der Herstellung, Bearbeitung, Verarbeitung oder Montage von Sachen, der Erzeugung von Energie sowie dem Aufsuchen und der Gewinnung von Bodenschätzen,

3. dem Betrieb von Kreditinstituten oder Versicherungsunternehmen, die für ihre Geschäfte einen in kaufmännischer Weise eingerichteten Betrieb unterhalten, es sei denn, die Geschäfte werden überwiegend mit unbeschränkt Steuerpflichtigen, die nach § 7 an der ausländischen Gesellschaft beteiligt sind, oder solchen Steuerpflichtigen im Sinne des § 1 Abs. 2 nahestehenden Personen betrieben,

4. dem Handel, soweit nicht

    a) ein unbeschränkt Steuerpflichtiger, der gemäß § 7 an der ausländischen Gesellschaft beteiligt ist, oder eine einem solchen Steuerpflichtigen im Sinne des § 1 Abs. 2 nahestehende Person die gehandelten Güter oder Waren aus dem Geltungsbereich dieses Gesetzes an die ausländische Gesellschaft liefert,

    oder

    b) die Güter oder Waren von der ausländischen Gesellschaft in den Geltungsbereich dieses Gesetzes an einen solchen Steuerpflichtigen oder eine solche nahestehende Person geliefert werden,

    es sei denn, der Steuerpflichtige weist nach, daß die ausländische Gesellschaft einen für derartige Handelsgeschäfte in kaufmännischer Weise eingerichteten Geschäftsbetrieb unter Teilnahme am allgemeinen wirtschaftlichen Verkehr unterhält und die zur Vorbereitung, dem Abschluß und der Ausführung der Geschäfte gehörenden Tätigkeiten ohne Mitwirkung eines solchen Steuerpflichtigen oder einer solchen nahestehenden Person ausübt,

5. Dienstleistungen, soweit nicht

    a) die ausländische Gesellschaft für die Dienstleistung sich eines un-

ate company or of a taxpayer do not exceed DM 120,000 in total; in computing gross receipts there shall be disregarded those amounts which relate to items of income falling under § 13 (1).

§ 8
Income of Intermediate Companies

(1) A foreign corporation is considered to be an intermediate company for income which is subject to a low tax and which does not result from:

1. Agriculture and forestry,

2. the manufacture, processing, treatment or assembly of property, the generation of energy or the search for and the exploitation of mineral wealth,

3. the operation of a banking business or an insurance business if a business establishment equipped as is commercially usual is maintained for this business, unless the business transactions are predominantly made with persons subject to unlimited taxability and having a participation in the foreign corporation according to § 7, or with persons being related (within the meaning of § 1 [2]) with the aforesaid persons,

4. trading, unless

   a) an individual or corporate resident who participates in the foreign corporation pursuant to § 7 or a person related with said resident within the meaning of § 1 (2) delivers the commodities or goods so traded from Germany to the foreign corporation,

   or

   b) the commodities or goods are delivered by the foreign corporation into Germany to such a resident as defined above or to such a related person,

   except if the resident as defined can prove that the foreign corporation maintains a business establishment equipped for such commercial transactions in a businesslike manner participating with the same in general business dealings and that the foreign corporation performs the activities relative to the preparation, the conclusion and the fulfillment of those transactions without the corporation of the resident or of the related person as defined above,

5. services, unless

   a) the foreign corporation avails itself for the services of a resident as

beschränkt Steuerpflichtigen, der gemäß § 7 an ihr beteiligt ist, oder einer einem solchen Steuerpflichtigen im Sinne des § 1 Abs. 2 nahestehenden Person bedient, die mit ihren Einkünften aus der von ihr beigetragenen Leistung im Geltungsbereich dieses Gesetzes steuerpflichtig ist,

oder

b) die ausländische Gesellschaft die Dienstleistung einem solchen Steuerpflichtigen oder einer solchen nahestehenden Person erbringt, es sei denn, der Steuerpflichtige weist nach, daß die ausländische Gesellschaft einen für das Bewirken derartiger Dienstleistungen eingerichteten Geschäftsbetrieb unter Teilnahme am allgemeinen wirtschaftlichen Verkehr unterhält und die zu der Dienstleistung gehörenden Tätigkeiten ohne Mitwirkung eines solchen Steuerpflichtigen oder einer solchen nahestehenden Person ausübt,

6. der Vermietung und Verpachtung, ausgenommen

a) die Überlassung der Nutzung von Rechten, Plänen, Mustern, Verfahren, Erfahrungen und Kenntnissen, es sei denn, der Steuerpflichtige weist nach, daß die ausländische Gesellschaft die Ergebnisse eigener Forschungs- oder Entwicklungsarbeit auswertet, die ohne Mitwirkung eines Steuerpflichtigen, der gemäß § 7 an der Gesellschaft beteiligt ist, oder einer einem solchen Steuerpflichtigen im Sinne des § 1 Abs. 2 nahestehenden Person unternommen worden ist,

b) die Vermietung oder Verpachtung von Grundstücken, es sei denn, der Steuerpflichtige weist nach, daß die Einkünfte daraus nach einem Abkommen zur Vermeidung der Doppelbesteuerung steuerbefreit wären, wenn sie von den unbeschränkt Steuerpflichtigen, die gemäß § 7 an der ausländischen Gesellschaft beteiligt sind, unmittelbar bezogen worden wären, und

c) die Vermietung oder Verpachtung von beweglichen Sachen, es sei denn, der Steuerpflichtige weist nach, daß die ausländische Gesellschaft einen Geschäftsbetrieb gewerbsmäßiger Vermietung oder Verpachtung unter Teilnahme am allgemeinen wirtschaftlichen Verkehr unterhält und alle zu einer solchen gewerbsmäßigen Vermietung oder Verpachtung gehörenden Tätigkeiten ohne Mitwirkung eines unbeschränkt Steuerpflichtigen, der gemäß § 7 an ihr beteiligt ist, oder einer einem solchen Steuerpflichtigen im Sinne des § 1 Abs. 2 nahestehenden Person ausübt,

7. der Aufnahme und darlehensweise Vergabe von Kapital, für das der Steuerpflichtige nachweist, daß es ausschließlich auf ausländischen

definied who holds a participation in it pursuant to § 7 or of a person related with the resident within the meaning of § 1 (2) which person is subject to German tax with the income derived from its services rendered in this connection,

or

b) the foreign corporation renders the services to a resident as defined or to a related person as defined, except if the taxpayer can prove that the foreign corporation maintains a business establishment equipped for the rendering of such services participating with the same in general business dealings and if it performs the activities relative to such services without the cooperation of the resident as defined or of the related person as defined,

6. renting and leasing, execpt for

a) the granting of the right to use rights, plans, designs, processes, know-how and knowledge, unless the taxpayer can prove that the foreign corporation exploits the results of its own research and development undertaken without the cooperation of a taxpayer who holds a participation in the foreign corporation pursuant to § 7 or of a person related with such taxpayer within the meaning of § 1 (2),

b) the renting and leasing of real estate, unless the taxpayer proves that the income resulting therefrom would be tax exempt by virtue of a Double Taxation Convention if received directly by the residents who hold participations in the foreign corporation as defined in § 7, and

c) the renting and leasing of movables, unless the taxpayer can prove that the foreign corporation maintains a commercial renting or leasing business and participates with the same in general business dealings and performs all the activities relative to such a commercial rental or leasing business without the cooperation of a resident holding a participation in it pursuant to § 7 or a person related with such a resident within the meaning of § 1 (2),

7. the borrowing and the granting of loan capital with regard to which the taxpayer can prove that it was exclusively raised on foreign capital

Kapitalmärkten und nicht bei einer ihm oder der ausländischen Gesellschaft nahestehenden Person im Sinne des § 1 Abs. 2 aufgenommen und außerhalb des Geltungsbereichs dieses Gesetzes gelegenen Betrieben oder Betriebstätten, die ihre Bruttoerträge ausschließlich oder fast ausschließlich aus unter die Nummern 1 bis 6 fallenden Tätigkeiten beziehen, oder innerhalb des Geltungsbereichs dieses Gesetzes gelegenen Betrieben oder Betriebsstätten zugeführt wird.

(2) Eine ausländische Gesellschaft ist nicht Zwischengesellschaft für Einkünfte aus einer Beteiligung an einer anderen ausländischen Gesellschaft, an deren Nennkapital sie mindestens zu einem Viertel unmittelbar beteiligt ist, wenn die Beteiligung ununterbrochen seit mindestens zwölf Monaten vor dem für die Ermittlung des Gewinns maßgebenden Abschlußstichtag besteht und wenn der Steuerpflichtige nachweist, daß

1. diese Gesellschaft Geschäftsleitung und Sitz in demselben Staat wie die ausländische Gesellschaft hat und ihre Bruttoerträge ausschließlich oder fast ausschließlich aus den unter Absatz 1 Nr. 1 bis 6 fallenden Tätigkeiten bezieht oder

2. die ausländische Gesellschaft die Beteiligung in wirtschaftlichem Zusammenhang mit eigenen unter Absatz 1 Nr. 1 bis 6 fallenden Tätigkeiten hält und die Gesellschaft, an der die Beteiligung besteht, ihre Bruttoerträge ausschließlich oder fast ausschließlich aus solchen Tätigkeiten bezieht.

(3) Eine niedrige Besteuerung im Sinne des Absatzes 1 liegt vor, wenn die Einkünfte weder im Staat der Geschäftsleitung noch im Staat des Sitzes der ausländischen Gesellschaft einer Belastung durch Ertragsteuern von 30 vom Hundert oder mehr unterliegen, ohne daß dies auf einem Ausgleich mit Einkünften aus anderen Quellen beruht, oder wenn die danach in Betracht zu ziehende Steuer nach dem Recht des betreffenden Staates um Steuern gemindert wird, die die Gesellschaft, von der die Einkünfte stammen, zu tragen hat; Einkünfte, die nach § 13 vom Hinzurechnungsbetrag auszunehmen sind, und auf sie entfallende Steuern bleiben unberücksichtigt.

§ 9
Freigrenze bei gemischten Einkünften

Für die Anwendung des § 7 Abs. 1 sind Einkünfte, für die eine ausländische Gesellschaft Zwischengesellschaft ist und die nicht unter § 13 Abs. 1 fallen, außer Ansatz zu lassen, wenn die ihnen zugrunde liegenden Bruttoerträge nicht mehr als zehn vom Hundert der gesamten Bruttoerträge

markets and not derived from a person related with the tax payer or with the foreign corporation within the meaning of § 1 (2), and further provided that the funds were routed either to businesses or permanent establishments located outside Germany deriving their gross income exclusively from activities falling under Numbers 1 through 6 above, or that they were routed to domestic businesses or permanent establishments.

(2) A foreign corporation shall not be deemed to be an intermediate company for income derived from a participation in another foreign corporation at least one fourth of the share capital of which it has been holding for an uninterrupted period of at least twelve months ending on the balance sheet date relevant for determining the corporation's profits, and if the taxpayer can prove that

1. the principal place of management and the corporate seat of this corporation is located in the same country as the foreign corporation and that it derives its gross income exclusively or almost exclusively from activities falling under subsec. (1) Numbers 1 through 6 above, or

2. the foreign corporation is holding its participation in a manner commercially related with acitivities of its own falling under subsec. (1) Numbers 1 through 6 above and if the company in which the foreign corporation is so participating derives its gross income exclusively or almost exclusively from such activities.

(3) A low taxation within the meaning of subsec. (1) exists if the income is neither in the country of the principal place of management nor in the country of the corporate seat of the foreign corporation subject to a total tax burden on income of 30 per cent or more, and if this is not the result of a balancing with income from other sources, or if the taxes thus to be taken into consideration are – by operation of law of the country in question – reduced by amounts of taxes which have to be borne by the company from which the income originates; income which is to be excluded from the amount of additions pursuant to § 13 and taxes relative thereto shall not be taken into account.

§ 9
Exclusion in the Case of Mixed Income

Income for which a foreign corporation is an intermediate company and which does not fall under § 13 (1), shall be disregarded for purposes of § 7 (1) if the underlying gross receipts do not exceed ten per cent of the total gross receipts – except for amounts of income falling under § 13 (1) – of the

der Gesellschaft, soweit sie sich nicht auf die unter § 13 Abs. 1 fallenden Einkünfte beziehen, betragen, vorausgesetzt, daß die bei einer Gesellschaft oder bei einem Steuerpflichtigen hiernach außer Ansatz zu lassenden Beträge insgesamt 120 000 Deutsche Mark nicht übersteigen.

§ 10

Hinzurechnungsbetrag

(1) Die nach § 7 Abs. 1 steuerpflichtigen Einkünfte sind bei dem unbeschränkt Steuerpflichtigen mit dem Betrag, der sich nach Abzug der Steuern ergibt, die zu Lasten der ausländischen Gesellschaft von diesen Einkünften sowie von dem diesen Einkünften zugrunde liegenden Vermögen erhoben worden sind, anzusetzen (Hinzurechnungsbetrag). Soweit die abzuziehenden Steuern zu dem Zeitpunkt, zu dem die Einkünfte nach Absatz 2 als zugeflossen gelten, noch nicht entrichtet sind, sind sie nur in den Jahren, in denen sie entrichtet werden, von den nach § 7 Abs. 1 steuerpflichtigen Einkünften abzusetzen. Ergibt sich ein negativer Betrag, so entfällt die Hinzurechnung.

(2) Der Hinzurechnungsbetrag gehört zu den Einkünften aus Kapitalvermögen im Sinne des § 20 Abs. 1 Ziff. 1 des Einkommensteuergesetzes[40] und gilt unmittelbar nach Ablauf des maßgebenden Wirtschaftsjahres der ausländischen Gesellschaft als zugeflossen. Gehören Anteile an der ausländischen Gesellschaft zu einem Betriebsvermögen, so erhöht der Hinzurechnungsbetrag den nach dem Einkommen- oder Körperschaftsteuergesetz ermittelten Gewinn des Betriebs für das Wirtschaftsjahr, das nach dem Ablauf des maßgebenden Wirtschaftsjahres der ausländischen Gesellschaft endet.

(3) Die dem Hinzurechnungsbetrag zugrunde liegenden Einkünfte sind in entsprechender Anwendung der Vorschriften des deutschen Steuerrechts zu ermitteln. Eine Gewinnermittlung entsprechend den Grundsätzen des § 4 Abs. 3 des Einkommensteuergesetzes[41] steht einer Gewinnermittlung nach § 4 Abs. 1[42] oder § 5 des Einkommensteuergesetzes[43] gleich; für die Ermittlung der Einkünfte aus Anteilen an einem inländischen Sondervermögen im Sinne des § 6 des Gesetzes über Kapitalanlagegesell-

---

40 § 20 Abs. 1 Nr. 1 EStG betrifft Dividenden.

41 § 4 Abs. 3 EStG betrifft die Gewinnermittlung durch Überschußrechnung.

42 § 4 Abs. 1 EStG betrifft die Gewinnermittlung durch Bestandsvergleich (Bilanzierung).

43 § 5 EStG betrifft die Gewinnermittlung durch Bestandsvergleich (Bilanzierung).

company, provided that the total amount of income thus to be disregarded with respect to any company or taxpayer shall not exceed DM 120,000.

§ 10
Additions

(1)The income taxable under § 7 (1) shall be added to the taxable income of the German resident, reduced by the taxes on income and property imposed on the foreign corporation with regard to such income and with regard to the property underlying such income (additions). To the extent that taxes which may be deducted have not yet been paid by the time when the income is deemed to have been received pursuant to subsec. (2), they may only be deducted from the taxable amounts of income under § 7 (1) in the years when paid. In the case of a negative amount, no addition shall be made.

(2) The additions qualify as income derived from capital as defined in § 20 (1) No. 1 Income Tax Act[40] and are deemed to have been received immediately following the close of the controlling fiscal year of the foreign corporation. If shares in a foreign corporation are part of domestic business assets, then the additions shall increase the profits of the business enterprise computed in accordance with the provisions of the Income Tax Act or Corporation Income Tax Act, respectively, of the fiscal year ending after the close of the controlling fiscal year of the foreign corporation.

(3) The income underlying the additions shall be determined by applying the rules of German tax law correspondingly. A profit determination in accordance with the principles of § 4 (3) Income Tax Act[41] shall be equal to a profit determination pursuant to § 4 (1)[42] or § 5[43] Income Tax Act; for purposes of determining the income from participations in domestic separate

---

40 § 20 (1) No. 1 Income Taxt Act relates to dividends.

41 § 4 (3) Income Tax Act relates to the cash receipts method determining taxable income.

42 § 4 (1) Income Tax Act relates to the accrual method of determining taxable income.

43 § 5 Income Tax Act relates to the accrual method of determining taxable income.

schaften[44] oder an einem vergleichbaren, ausländischem Recht unterliegenden Vermögen, das auch aus anderen als den nach dem Gesetz über Kapitalanlagegesellschaften zugelassenen Vermögensgegenständen bestehen kann, sind die steuerlichen Vorschriften des Gesetzes über Kapitalanlagegesellschaften[45] und des Auslandsinvestment-Gesetzes[46] sinngemäß anzuwenden. Bei mehreren Beteiligten kann das Wahlrecht für die Gesellschaft nur einheitlich ausgeübt werden. Steuerliche Vergünstigungen, die an die unbeschränkte Steuerpflicht oder an das Bestehen eines inländischen Betriebs oder einer inländischen Betriebsstätte anknüpfen, sowie die Vorschriften des Entwicklungsländer-Steuergesetzes in der Fassung der Bekanntmachung vom 21. Mai 1979 (BGBl. I S. 564), zuletzt geändert durch Art. 34 des Gesetzes vom 22. Dezember 1981 (BGBl. I S. 1523), bleiben unberücksichtigt. Verluste, die bei Einkünften entstanden sind, für die die ausländische Gesellschaft Zwischengesellschaft ist, können in entsprechender Anwendung des § 10 d des Einkommensteuergesetzes[47], soweit sie die nach § 9 außer Ansatz zu lassenden Einkünfte übersteigen, abgezogen werden. Soweit sich durch den Abzug der Steuern nach Absatz 1 ein negativer Betrag ergibt, erhöht sich der Verlust im Sinne des Satzes 5.

(4) Bei der Ermittlung der Einkünfte, für die die ausländische Gesellschaft Zwischengesellschaft ist, dürfen nur solche Betriebsausgaben abgezogen werden, die mit diesen Einkünften in wirtschaftlichem Zusammenhang stehen.

(5) Auf den Hinzurechnungsbetrag sind die Bestimmungen der Abkommen zur Vermeidung der Doppelbesteuerung entsprechend anzuwenden, die anzuwenden wären, wenn der Hinzurechnungsbetrag an den Steuerpflichtigen ausgeschüttet worden wäre.

(6) Absatz 5 gilt nicht, soweit im Hinzurechnungsbetrag Zwischeneinkünfte mit Kapitalanlagecharakter enthalten sind und die ihnen zugrunde liegenden Bruttoerträge mehr als 10 vom Hundert der den gesamten Zwischeneinkünften zugrunde liegenden Bruttoerträge der ausländischen Zwischengesellschaft betragen oder die bei einer Zwischengesellschaft oder bei einem Steuerpflichtigen hiernach außer Ansatz zu lassenden Beträge insge-

---

44 § 6 KAGG regelt, was zum Sondervermögen von Kapitalanlagegesellschaften gehört.

45 §§ 38–49 KAGG.

46 Gesetz über den Vertrieb ausländischer Investmentanteile und über die Besteuerung der Erträge aus ausländischen Investmentanteilen vom 28. Juli 1969, BGBl. I S. 986, zuletzt geändert durch Art. 10 des Mißbrauchsbekämpfungs- und Steuerbereinigungsgesetzes vom 21. Dezember 1993, BGBl. I S. 2310.

47 § 10 d EStG betrifft den Verlustabzug.

assets within the meaning of § 6 Investment Company Act[44] or in comparable assets governed by a foreign law which may also comprise assets other than those permissible under the Investment Company Act, the tax provisions in the Investment Company Act[45] and in the Foreign Investment Act[46] shall apply correspondingly. If several taxpayers are involved, the choice between the different methods of determining the company's income has to be exercised uniformly. Tax privileges attributed to a domestic residence or the existence of a domestic permanent establishment, as well as the provisions of the Developing Country Tax Act (as promulgated on 21 May 1979, Federal Statutes I p. 564, as amended by Article 34 of the law of 22 December 1981, Federal Statutes I p. 1523) shall be disregarded. Losses incurred in connection with income for which the foreign corporation is an intermediate company may be deducted by applying § 10 d Income Tax Act[47] correspondingly to the extent that such losses exceed the income to be disregarded by virtue of § 9. The loss within the meaning of the foregoing 5th sentence shall be increased by the negative amount resulting from the tax deduction under subsec. (1).

(4) In determining the income for which the foreign corporation is an intermediate company only those business expenses are allowed which are economically related with such income.

(5) There shall be applied to the additions those provisions of Double Taxation Conventions which would apply if the additions were distributed to the taxpayer.

(6) Subsec. (5) shall not apply to the extent that the additions contain intermediate income with capital investment character and if the gross receipts underlying such intermediate income amount to more than 10 per cent of the gross receipts of the foreign intermediate company underlying its entire intermediate income or if the amounts thus to be disregarded on the level of an intermediate company or of a taxpayer exceed DM 120,000

---

44 § 6 Investment Company Act prescribes which assets comprise the separate assets of Investment Companies.

45 §§ 38–49 Investment Company Act.

46 Act on the Sale of Foreign Investment Shares and on the Taxation of Proceeds from Foreign Investment Shares of 28 July 1969, Federal Statutes I p. 986, as amended by Article 10 of the Anti-Abuse and Technical Corrections Tax Act of 21 December 1993, Federal Statutes I p. 2310.

47 § 10 d Income Tax Act relates to the net operating loss deducation.

samt 120 000 Deutsche Mark übersteigen; bei der Berechnung der Bruttoerträge sind die Beträge, die sich auf unter § 13 Abs. 1 fallende Einkünfte
beziehen, außer Ansatz zu lassen. Zwischeneinkünfte mit Kapitalanlagecharakter sind Einkünfte der ausländischen Zwischengesellschaft, die
aus dem Halten, der Verwaltung, Werterhaltung oder Werterhöhung von
Zahlungsmitteln, Forderungen, Wertpapieren, Beteiligungen oder ähnlichen Vermögenswerten stammen, es sei denn, der Steuerpflichtige weist
nach, daß sie

1. aus einer Tätigkeit stammen, die einer unter § 8 Abs. 1 Nr. 1 bis 6 fallenden eigenen Tätigkeit der ausländischen Gesellschaft dient, ausgenommen Tätigkeiten im Sinne des § 1 Abs. 1 Nr. 6 des Kreditwesengesetzes[48],

2. aus Gesellschaften stammen, an denen die ausländische Zwischengesellschaft zu mindestens einem Zehntel beteiligt ist, oder

3. einem nach dem Maßstab des § 1 angemessenen Teil der Einkünfte
   entsprechen, der auf die von der ausländischen Zwischengesellschaft
   erbrachten Dienstleistungen entfällt.

Soweit im Hinzurechnungsbetrag Zwischeneinkünfte mit Kapitalanlagecharakter enthalten sind, für die der Steuerpflichtige nachweist, daß sie
aus der Finanzierung von ausländischen Betriebsstätten oder ausländischen Gesellschaften stammen, die in dem Wirtschaftsjahr, für das die
ausländische Zwischengesellschaft diese Zwischeneinkünfte bezogen
hat, ihre Bruttoerträge ausschließlich oder fast ausschließlich aus unter
§ 8 Abs. 1 Nr. 1 fallenden Beteiligungen beziehen und zu demselben Konzern gehören wie die ausländische Zwischengesellschaft, ist Satz 1 nur für
den Teil des Hinzurechnungsbetrags anzuwenden, dem 60 vom Hundert
dieser Zwischeneinkünfte zugrundeliegen.

§ 11
Ausschüttung von Gewinnanteilen

(1) Der Hinzurechnungsbetrag ist um Gewinnanteile zu kürzen, die der
unbeschränkt Steuerpflichtige in dem Kalenderjahr oder Wirtschaftsjahr,
in dem der Hinzurechnungsbetrag nach § 10 Abs. 2 anzusetzen ist, von der
ausländischen Gesellschaft bezieht.

---

48 § 1 Abs. 1 Nr. 6 KWG betrifft die in § 1 KAGG bezeichneten Investmentgeschäf-
    te, also eingelegtes Geld für die Anteilinhaber gesondert vom eigenen Vermögen
    in Wertpapier-, Beteiligungs- oder Grundstücks-Sondervermögen anzulegen
    und dafür Anteilscheine auszustellen.

70

in total; in computing gross receipts there shall be disregarded those amounts which relate to items of income falling under § 13 (1). Intermediate income with capital investment character shall mean income of the foreign intermediate company derived from the possession, administration, preservation of the value of, or the increase in the value of, legal tender, receivables, stocks and bonds, shares or similar assets, unless the taxpayer can prove that such income

1. is derived from an activity serving an activity of its own of the foreign corporation falling under § 8 (1) Nos. 1 through 6 but not including activities within the meaning of § 1 (1) No. 6 Banking Act[48],

2. is derived from companies of which the foreign intermediate company holds a participation of at least one tenth, or

3. corresponds to such reasonable portion of the income – measured by applying § 1 hereof – which the foreign intermediate company has derived from services rendered.

If the taxpayer can prove that the additions include intermediate income with capital investment character resulting from the financing of foreign permanent establishments or foreign companies which derive their gross receipts – in the fiscal year for which the foreign intermediate company derived this intermediate income – exclusively or almost exclusively from activities falling under § 8 (1) Nos. 1 through 6 hereof or from participations falling under § 8 (2) hereof and belonging to the same group as the foreign intermediate company, then the 1st sentence above shall only apply to that portion of the additions which originate from 60 per cent of such underlying intermediate income.

§ 11
Profit Distributions

(1) The additions shall be reduced by the amounts of profit distributions which the resident receives from the foreign corporation in the calendar year or fiscaal year in which the additions should be added to his (its) income pursuant to § 10 (2).

---

48 § 1 (1) No. 6 Banking Act relates to the investment transactions referred to in § 1 Investment Company Act, i. e., to invest, on behalf of the investors, funds contributed and to keep the same separate from the bank's own assets in socalled separate properties consisting of stocks and bonds, participations or real estate and to issue shares with respect thereto.

(2) Soweit die Gewinnanteile den Hinzurechnungsbetrag übersteigen, ist ein Betrag in Höhe der Einkommen- oder Körperschaftsteuer und der Gewerbesteuer zu erstatten, die für die vorangegangenen vier Kalenderjahre oder Wirtschaftsjahre auf Hinzurechnungsbeträge bis zur Höhe des übersteigenden Betrags entrichtet und noch nicht erstattet worden sind.

(3) Veräußert der unbeschränkt Steuerpflichtige Anteile an der ausländischen Gesellschaft, so ist Absatz 2 mit der Maßgabe anzuwenden, daß die zu erstattenden Beträge die auf den Veräußerungsgewinn jeweils zu entrichtende Einkommen- oder Körperschaftsteuer und Gewerbesteuer nicht übersteigen dürfen.

(4) Der Teil des Hinzurechnungsbetrags, für den § 10 Abs. 5 nach § 10 Abs. 6 nicht anzuwenden ist, darf nicht nach Absatz 1 um Gewinnanteile gekürzt werden. Die Gewinnanteile sind steuerfrei, soweit sie die Zwischeneinkünfte mit Kapitalanlagecharakter im Sinne des § 10 Abs. 6 Satz 2 und 3, die dem in Satz 1 genannten Teil des Hinzurechnungsbetrags zugrunde liegen, nicht übersteigen. Die Absätze 2 und 3 sind auf den in Satz 1 genannten Teil des Hinzurechnungsbetrags nicht anzuwenden. Liegen noch andere Zwischeneinkünfte vor, kann wegen der nach Satz 2 befreiten Gewinnanteile eine Kürzung oder Erstattung nach den Absätzen 1 bis 3 nicht verlangt werden.

§ 12
Steueranrechnung

(1) Auf Antrag des Steuerpflichtigen werden auf seine Einkommen- oder Körperschaftsteuer, die auf den Hinzurechnungsbetrag entfällt, die Steuern angerechnet, die nach § 10 Abs. 1 abziehbar sind. In diesem Fall ist der Hinzurechnungsbetrag um diese Steuern zu erhöhen.

(2) Bei der Anrechnung sind die Vorschriften des § 34 c Abs. 1 des Einkommensteuergesetzes[49] und des § 26 Abs. 1, 2 a und 6 des Körperschaftsteuergesetzes[50] entsprechend anzuwenden.

(3) Steuern von den nach § 11 Abs. 4 Satz 2 befreiten Gewinnanteilen wer-

---

49 Siehe Fußnote 10.

50 § 26 KStG betrifft die Besteuerung ausländischer Einkunftsteile. Absatz 1 betrifft die direkte Steueranrechnung, Absatz 2 a die indirekte Steueranrechnung in bezug auf Beteiligungsgesellschaften innerhalb der Europäischen Union, sofern kein DBA die Steuerfreiheit der Dividenden anordnet, Absatz 3 betrifft die indirekte Steueranrechnung bei Dividenden aus Entwicklungsländern, Absatz 5 die indirekte Steueranrechnung bei Dividenden einer ausländischen Enkel- an die ausländische Tochtergesellschaft, und Absatz 6 verweist insbesondere auf § 34 c EStG betr. die Steueranrechnung im allgemeinen.

(2) To the extent that the profit distributions exceed the additions, there shall be refunded to the taxpayer an amount equal to the income tax or corporation income tax, respectively, and the trade tax, paid and not yet refunded in the preceding four calendar years or fiscal years for additions up to the amount uf such excess.

(3) If the resident alienates shares in the foreign corporation, subsec. (2) shall apply with the proviso that the amounts to be refunded may not exceed the income tax or corporation income tax, respectively, and the trade tax payable on the gain realized by such alienation.

(4) That portion of the additions to which § 10 (5) is inapplicable by virtue of § 10 (6) may not be reduced by profit distributions under subsec. (1). The profit distributions are tax exempt to the extent not exceeding the intermediate income with capital investment character within the meaning of § 10 (6), 2nd and 3rd sentences underlying the amount of the additions referred to in the 1st sentence above. Subsecs. (2) and (3) shall not apply to the portion of the additions referred to in the 1st sentence. If there are other items of intermediate income, then no tax reduction or refund can be obtained under subsecs. (1) through (3) in respect of the profit distributions exempted under the 2nd sentence.

§ 12
Tax Credit

(1) The income tax or the corporation income tax, respectively, imposed on the additions shall, upon request of the taxpayer, be credited against the taxes which are deductible pursuant to § 10 (1). In this event the additions shall be increased by the amount of the taxes so credited.

(2) When crediting the tax, the provisions of § 34 c (1) Income Tax Act[49] and § 26 (1), (2a) and (6) Corporation Income Tax Act[50] shall be applied correspondingly.

(3) Foreign taxes imposed on the profit distributions which are exempt

---

49 See footnote 10.

50 § 26 Corporation Income Tax Act relates to the traxation of foreign source income. Subsec. (1) relates to the direct tax credit, subsec. (2a) relates to the indirect tax credit in respect of subsidiaries within the European Union if no DTA exempts the dividends from the tax, subsec. (3) relates to the indirect tax credit in respect of dividends from developing countries, subsec. (5) relates to the indirect tax credit in the case of dividends of a foreign second-tier to a foreign first-tier subsidiary, and subsec. (6) refers in particular to § 34 c Income Tax Act dealing with the foreign tax credit in general.

den auf Antrag im Veranlagungszeitraum des Anfalls der zugrunde liegenden Zwischeneinkünfte mit Kapitalanlagecharakter angerechnet oder abgezogen. Das gilt auch, wenn der Steuerbescheid für diesen Veranlagungszeitraum bereits bestandskräftig ist.

§ 13
Schachteldividenden

(1) Gewinnanteile, die die ausländische Gesellschaft von einer nicht unbeschränkt steuerpflichtigen Kapitalgesellschaft bezieht, deren Bruttoerträge ausschließlich oder fast ausschließlich aus unter § 8 Abs. 1 Nr. 1 bis
6 fallenden Tätigkeiten stammen, sind mit dem auf den unbeschränkt
Steuerpflichtigen entfallenden Teil

1. für die Körperschaftsteuer

    a) vom Hinzurechnungsbetrag auszunehmen, soweit die Gewinn-
    anteile von der Körperschaftsteuer befreit wären, wenn der unbe-
    schränkt Steuerpflichtige sie unmittelbar vor der ausschüttenden
    Gesellschaft bezogen hätte,

    b) nur mit dem Steuerbetrag zur Körperschaftsteuer heranzuziehen,
    der sich nach Berücksichtigung des § 12 aus der Anwendung des § 26
    Abs. 2, 3 und 4 des Körperschaftsteuergesetzes[51] ergeben würde,
    wenn der unbeschränkt Steuerpflichtige die Gewinnanteile unmit-
    telbar von der ausschüttenden Gesellschaft bezogen hätte;

2. für die Gewerbesteuer vom Hinzurechnungsbetrag auszunehmen, soweit die Gewinnanteile von der Gewerbesteuer befreit wären, wenn
der unbeschränkt Steuerpflichtige sie unmittelbar von der ausschüttenden Gesellschaft bezogen hätte.

Satz 1 ist nicht anzuwenden

1. für die Körperschaftsteuer, soweit die Gewinnanteile der ausländischen Gesellschaft nach § 26 Abs. 5 des Körperschaftsteuergesetzes[52]
zu berücksichtigen sind,

2. für die Gewerbesteuer, soweit die Gewinnanteile der ausländischen Gesellschaft nach § 26 Abs. 5 des Körperschaftsteuergesetzes[52] oder nach § 9
Nr. 7 Satz 2 und 3 des Gewerbesteuergesetzes[53] zu berücksichtigen sind.

---

51 Siehe Fußnote 50.
52 Siehe Fußnote 50.
53 § 9 Nr. 7 Satz 2 und 3 GewStG betrifft die Kürzung des Gewerbeertrags um Gewinnanteile ausländischer Enkelgesellschaften.

from tax pursuant to § 11 (4), 2nd sentence shall, upon request of the taxpayer, be credited or deducted, respectively, in the assessment period in which the underlying intermediate income with capital investment character accrued. This shall also apply if the tax assessment for the assessment period concerned had become final.

§ 13
Dividends From Major Shareholdings

(1) Amounts of profits which the foreign corporation receives from a non-resident corporation whose gross income results exclusively or almost exclusively from activities falling under § 8 (1) Nos. 1 through 6 shall, with regard to the portion thereof attributable to the resident taxpayer,

1. for purposes of the corporation income tax

   a) be excluded from the additions to the extent that such amounts of profits would be exempt from the tax had they been directly received by the resident taxpayer from the distributing corporation,

   b) only generate that amount of corporation income tax which, after applying § 12, would result from an application of § 26 (2), (3) and (4) Corporation Income Tax Act[51] had the resident taxpayer directly received the amount in question from the distributing corporation;

2. for purposes of the trade tax be excluded from the additions to the extent that such amounts of profits would be exempt from the trade tax had they been directly received by the resident taxpayer from the distributing corporation.

The first sentence shall not apply

1. to the corporation income tax to the extent that profit distributions of the foreign company shall be taken into account under § 26 (5) Corporation Income Tax Act[52],

2. to the trade tax to the extent that profit distributions of the foreign company shall be taken into account under § 26 (5) Corporation Income Tax Act[52] or § 9 No. 7, 2nd and 3rd sentences of the Trade Tax Act[53].

---

51 See footnote 50.

52 See footnote 50.

53 § 9 No. 7, 2nd and 3rd sentences relate to the reduction of the business income by amounts of profit distributions by foreign second-tier subsidiaries.

(2) Gewinnanteile, die die ausländische Gesellschaft von einer unbeschränkt steuerpflichtigen Kapitalgesellschaft bezieht, sind mit dem auf den unbeschränkt Steuerpflichtigen entfallenden Teil vom Hinzurechnungsbetrag auszunehmen, wenn der Steuerpflichtige

1. eine unbeschränkt steuerpflichtige Körperschaft, Personenvereinigung oder Vermögensmasse und

2. mindestens zu einem Zehntel als an der ausschüttenden Gesellschaft beteiligt anzusehen ist.

Satz 1 ist nur anzuwenden, soweit die Beteiligung im Sinne der Nummer 2 ununterbrochen seit mindestens zwölf Monaten vor dem Ende des Veranlagungszeitraums oder des davon abweichenden Gewinnermittlungszeitraums besteht.

(3) Veräußert die ausländische Gesellschaft Anteile an einer Kapitalgesellschaft an eine andere Kapitalgesellschaft, die zu demselben Konzern wie die ausländische Gesellschaft gehört, so ist der Veräußerungsgewinn vom Hinzurechnungsbetrag auszunehmen, wenn auf Gewinnanteile, die auf diese Anteile entfallen, Absatz 1 oder 2 anzuwenden wäre.

(4) Für die Anwendung der Absätze 1 bis 3 ist der Steuerpflichtige als zu dem Teil an der ausschüttenden Gesellschaft beteiligt anzusehen, der seinem Anteil am Nennkapital der ausländischen Gesellschaft, bezogen auf deren Beteiligung an der ausschüttenden Gesellschaft, entspricht.

(5) Die Absätze 1 bis 4 sind nur anzuwenden, wenn der Steuerpflichtige nachweist, daß alle Voraussetzungen erfüllt sind.

§ 14
Nachgeschaltete Zwischengesellschaften

(1) Ist eine ausländische Gesellschaft allein oder zusammen mit unbeschränkt Steuerpflichtigen gemäß § 7 an einer anderen ausländischen Gesellschaft (Untergesellschaft) beteiligt, so sind für die Anwendung der §§ 7 bis 13 die Einkünfte der Untergesellschaft, für die diese Zwischengesellschaft ist und die nicht nach § 13 vom Hinzurechnungsbetrag auszunehmen sind, der ausländischen Gesellschaft zu dem Teil, der auf ihre Beteiligung am Nennkapital der Untergesellschaft entfällt, zuzurechnen, soweit nicht nachgewiesen wird, daß diese Einkünfte aus Tätigkeiten oder Gegenständen stammen, die einer unter § 8 Abs. 1 Nr. 1 bis 6 fallenden eigenen Tätigkeit der ausländischen Gesellschaft dienen.

(2) Der nach Absatz 1 zuzurechnende Betrag ist in entsprechender Anwendung des § 11 Abs. 1 um Gewinnanteile zu kürzen, die die Untergesellschaft ausschüttet; soweit die Gewinnanteile den zuzurechnenden

(2) Amounts of profits received by the foreign corporation from a resident corporation shall be excluded from the additions attributable to the resident taxpayer if the taxpayer

1. is a corporation, association or conglomeration of assets being subject to unlimited taxability and
2. is deemed to own at least one tenth of the capital of the distributing corporation.

The first sentence shall only apply to the extent that the shareholding within the meaning of No. 2 above existed for a uninterrupted period of at least twelve months ending on the last day of the assessment period or its deviating accounting period, respectively.

(3) If the foreign corporation alienates shares in a corporation to another corporation belonging to the same affiliated group of companies as the foreign corporation then the gain resulting therefrom shall be excluded from the additions if the amounts of profits attributable to such shares would be subject to subsections (1) and (2) hereof.

(4) For purposes of applying subsections (1) through (3) hereof, the taxpayer shall be deemed to hold a participation in the distributing corporation in the same proportion as he does in the foreign corporation and relative to the latter's participation in the distributing corporation.

(5) Subsections (1) through (4) shall only apply if the taxpayer can prove that all requirements are met.

§ 14
Second-Tier Intermediate Companies

(1) In the case of a foreign corporation holding, either alone or jointly with residents, a participation in another foreign corporation (subsidiary) within the meaning of § 7, then for purposes of applying §§ 7 through 13 the income of the subsidiary for which the subsidiary is an intermediate company and which is not to be excluded from the additions pursuant to § 13, shall be attributed to the income of the foreign corporation in the same proportion which corresponds to its participation in the capital of the subsidiary, unless it can be shown that these amounts of income result from activities or from property serving one of the activities of the foreign corporation proper which fall under § 8 (1) Nos. 1 through 6.

(2) The amount to be included under subsec. (1) shall be reduced, by a corresponding application of § 11 (1), by amounts of profits which are distributed by the subsidiary; to the extent that these amounts of profits exceed

Betrag übersteigen, sind sie um Beträge zu kürzen, die für die vorangegangenen vier Wirtschaftsjahre nach Absatz 1 der ausländischen Gesellschaft zugerechnet und noch nicht für eine solche Kürzung verwendet worden sind. § 11 Abs. 4 ist sinngemäß anzuwenden.

(3) Die Absätze 1 und 2 sind entsprechend anzuwenden, wenn der Untergesellschaft weitere ausländische Gesellschaften nachgeschaltet sind.

(4) Soweit einem Hinzurechnungsbetrag Zwischeneinkünfte zugrundeliegen, die einer ausländischen Gesellschaft (Obergesellschaft) nach den Absätzen 1 bis 3 zugerechnet worden sind, können die Bestimmungen der Abkommen zur Vermeidung der Doppelbesteuerung nach § 10 Abs. 5 nur dann angewandt werden, wenn sie auch bei direkter Beteiligung des Steuerpflichtigen an der Untergesellschaft, bei der diese Einkünfte entstanden sind, anzuwenden wären; § 10 Abs. 6 und § 13 Abs. 4 gelten entsprechend. Ausschüttungen der Obergesellschaft, die auf Grund solcher Abkommen steuerbefreit sind, berechtigen nicht zur Kürzung dieses Teils des Hinzurechnungsbetrags (§ 11 Abs. 1) oder zur Erstattung von auf Hinzurechnungsbeträge entrichteten Steuern (§ 11 Abs. 2). Schüttet die Untergesellschaft die Zwischeneinkünfte an die Obergesellschaft aus, so begründet dies nicht die Steuerpflicht nach § 7 Abs. 1 und berechtigt nicht zur Kürzung nach Absatz 2. Steuern, die im Staat der Untergesellschaft und der Obergesellschaft von diesen Ausschüttungen erhoben werden, sind im Zeitpunkt der Ausschüttung nach § 10 Abs. 1 abzuziehen oder nach § 12 anzurechnen. Auf Zwischeneinkünfte einer Untergesellschaft ist § 10 Abs. 6 Satz 1 und 3 auch dann anzuwenden, wenn die Einkünfte aus der Beteiligung einer Obergesellschaft an ihr unter § 10 Abs. 6 Satz 2 Nr. 2 fallen.

Fünfter Teil
Familienstiftungen

§ 15
Steuerpflicht von Stiftern, Bezugsberechtigten und Anfallsberechtigten

(1) Vermögen und Einkommen einer Familienstiftung, die Geschäftsleitung und Sitz außerhalb des Geltungsbereichs dieses Gesetzes hat, werden dem Stifter, wenn er unbeschränkt steuerpflichtig ist, sonst den unbeschränkt steuerpflichtigen Personen, die bezugsberechtigt oder anfallsberechtigt sind, entsprechend ihrem Anteil zugerechnet. Dies gilt nicht für die Erbschaftsteuer.

the amount to be included they shall be reduced by those amounts which had been included in the income of the foreign corporation under subsec. (1) during the preceding four fiscal years and which have not yet been used for such a reduction. § 11 (4) shall apply correspondingly.

(3) Subsections (1) and (2) shall apply correspondingly if the subsidiary in turn owns other foreign subsidiaries.

(4) To the extent that additions include intermediate company income which has been attributed to a foreign corporation (parent company) in accordance with subsections (1) through (3), the provisions contained in Double Taxation Conventions can only be applied as set out in § 10 (5) if they would have been applicable had the taxpayer directly owned an interest in the subsidiary where the said income was earned; § 10 (6) and § 13 (4) shall apply correspondingly. Distributions made by the parent company and being tax-exempt by virtue of such Conventions do not entitle to a reduction of that portion of the additions (§ 11 [1]), nor to a refund of taxes paid on additions (§ 11 [2]). In case the subsidiary makes distributions of its intermediate company income to the parent company, this shall not result in a taxable event under § 7 (1) and shall not entitle to a reduction under subsec. (2). Taxes levied from these distributions in the state of the subsidiary and of the parent company shall be deducted in accordance with § 10 (1) or credited in accordance with § 12, respectively, when the distribution is made. § 10 (6), 1st and 3rd sentences shall apply to the intermediate income of a second-tier subsidiary also in those cases where the income from the participation of its patent company (the subsidiary) would fall under § 10 (6), 2nd sentence, No. 2.

Part Five
Family Foundations

§ 15
Tax Imposed On Founders, Beneficiaries and Remaindermen

(1) The property and the income of a family foundation with its principal place of management and its seat ouside of Germany shall be attributed to the founder if he is subject to unlimited taxability, otherwise to the beneficiaries or remaindermen being subject to unlimited taxability in proportion to their respective interests. This shall not apply to the inheritance tax.

(2) Familienstiftungen sind Stiftungen, bei denen der Stifter, seine Angehörigen und deren Abkömmlinge zu mehr als der Hälfte bezugsberechtigt oder anfallsberechtigt sind.

(3) Hat ein Unternehmer im Rahmen seines Unternehmens oder als Mitunternehmer oder eine Körperschaft, eine Personenvereinigung oder eine Vermögensmasse eine Stiftung errichtet, die Geschäftsleitung und Sitz außerhalb des Geltungsbereichs dieses Gesetzes hat, so wird die Stiftung wie eine Familienstiftung behandelt, wenn der Stifter, seine Gesellschafter, von ihm abhängige Gesellschaften, Mitglieder, Vorstandsmitglieder, leitende Angestellte und Angehörige dieser Personen zu mehr als der Hälfte bezugsberechtigt oder anfallsberechtigt sind.

(4) Den Stiftungen stehen sonstige Zweckvermögen, Vermögensmassen und rechtsfähige oder nichtrechtsfähige Personenvereinigungen gleich.

(5) Die §§ 5 und 12 sind entsprechend anzuwenden. Im übrigen finden, soweit Absatz 1 anzuwenden ist, die Vorschriften des Vierten Teils dieses Gesetzes keine Anwendung.

Sechster Teil
Ermittlung und Verfahren

§ 16
Mitwirkungspflicht des Steuerpflichtigen

(1) Beantragt ein Steuerpflichtiger unter Berufung auf Geschäftsbeziehungen mit einer ausländischen Gesellschaft oder einer im Ausland ansässigen Person oder Personengesellschaft, die mit ihren Einkünften, die in Zusammenhang mit den Geschäftsbeziehungen zu dem Steuerpflichtigen stehen, nicht oder nur unwesentlich besteuert wird, die Absetzung von Schulden oder anderen Lasten oder von Betriebsausgaben oder Werbungskosten, so ist im Sinne des § 160 der Abgabenordnung[54] der Gläubi-

---

54 § 160 Abgabenordnung
Benennung von Gläubigern und Zahlungsempfängern
(1) Schulden und andere Lasten, Betriebsausgaben, Werbungskosten und andere Ausgaben sind steuerlich regelmäßig nicht zu berücksichtigen, wenn der Steuerpflichtige dem Verlangen der Finanzbehörde nicht nachkommt, die Gläubiger oder die Empfänger genau zu benennen. Das Recht der Finanzbehörde, den Sachverhalt zu ermitteln, bleibt unberührt.
(2) § 102 [betr. Auskunftsverweigerungsrecht zum Schutz bestimmter Berufsgeheimnisse] bleibt unberührt.

(2) Family foundations are foundations where the founder, his relatives and their respective descendants are beneficiaries or remaindermen in excess of one half.

(3) If a foundation has ben established by an entrepreneur within his business undertakings or in his capacity as a partner of a partnership, or by a corporation, an association or by an conglomeration of assets and if the principal place of management and the seat of the foundation are located outside of Germany, then the foundation shall be treated as if it were a family foundation if the founder, his partners, companies controlled by the founder or his associates, Board Members, officers and relatives of these persons are beneficiaries or remaindermen in excess of one half.

(4) There shall be treated like foundations other accumulations of assets serving a joint purpose, estates with legal personality, als well as associations of persons with or without legal personality.

(5) §§ 5 and 12 shall apply correspondingly. Apart from this and to the extent that subsec. (1) is applicable, the provisions of Part Four of this Act shall not apply.

Part Six
Investigation and Procedure

§ 16
Taxpayer's Duty to Cooperate

(1) If a taxpayer claims deductions of debts or of other burdens or of business expenses with reference to a business relationship with a foreign corporation or a person or partnership residing abroad the income of which in connection with such business relationships is not or not substantially taxed, then the creditor or recipient of the amounts in questions is considered to be precisely identified within the meaning of § 160 General Tax Code[54] only if the taxpayer descloses all direct and indirect relationships which

---

54 **§ 160 General Tax Code**
Disclosure of Creditors and Payees
(1) Debts and other incumbrances, business expenses, expenses for the production of income, and other expenses shall as a rule not be recognized for taxation purposes should the taxpayer fail to honour a request of the tax office to give precise information regarding the creditors or recipients. The tax office's right to investigate the facts remains unaffected.
(2) § 102 [relating to the right to withhold information concerning privileged communication] is applicable.

ger oder Empfänger erst dann genau bezeichnet, wenn der Steuerpflichtige alle Beziehungen offenlegt, die unmittelbar oder mittelbar zwischen ihm und der Gesellschaft, Person oder Personengesellschaft bestehen und bestanden haben.

(2) Der Steuerpflichtige hat über die Richtigkeit und Vollständigkeit seiner Angaben und über die Behauptung, daß ihm Tatsachen nicht bekannt sind, auf Verlangen des Finanzamts gemäß § 95 der Abgabenordnung[55] eine Versicherung an Eides Statt abzugeben.

§ 17
Sachverhaltsaufklärung

(1) Zur Anwendung der Vorschriften der §§ 5 und 7 bis 15 haben Steuerpflichtige für sich selbst und im Zusammenwirken mit anderen die dafür notwendigen Auskünfte zu erteilen. Auf Verlangen sind insbesondere

1. die Geschäftsbeziehungen zu offenbaren, die zwischen der Gesellschaft und einem so beteiligten unbeschränkt Steuerpflichtigen oder einer einem solchen im Sinne des § 1 Abs. 2 nahestehenden Person bestehen,

2. die für die Anwendung der §§ 7 bis 14 sachdienlichen Unterlagen einschließlich der Bilanzen und der Erfolgsrechnungen vorzulegen. Auf Verlangen sind diese Unterlagen mit dem im Staat der Geschäftsleitung oder des Sitzes vorgeschriebenen oder üblichen Prüfungsvermerk einer behördlich anerkannten Wirtschaftsprüfungsstelle oder vergleichbaren Stelle vorzulegen.

(2) Ist für die Ermittlung der Einkünfte, für die eine ausländische Gesellschaft Zwischengesellschaft ist, eine Schätzung nach § 162 der Abgabenordnung[56] vorzunehmen, so ist mangels anderer geeigneter Anhalts-

---

55 **§ 95 Abgabenordnung**
   Versicherung an Eides Statt
   (1) Die Finanzbehörde kann den Beteiligten auffordern, daß er die Richtigkeit von Tatsachen, die er behauptet, an Eides Statt versichert. Eine Versicherung an Eides Statt soll nur gefordert werden, wenn andere Mittel zur Erforschung der Wahrheit nicht vorhanden sind, zu keinem Ergebnis geführt haben oder einen unverhältnismäßigen Aufwand erfordern. Von eidesunfähigen Personen im Sinne des § 393 der Zivilprozeßordnung [betr. Personen unter 16 Jahren und geistig behinderte] darf eine eidesstattliche Versicherung nicht verlangt werden.
   (2)–(5) [betr. das Verfahren]
   (6) Die Versicherung an Eides Statt kann nicht nach § 328 [betr. Zwangsmittel] erzwungen werden.

56 Siehe Fußnote 1.

exist or which have existed between himself and the corporation, person or partnership.

(2) Upon the request of the tax office the taxpayer has to submit an affidavit (§ 95 General Tax Code)[55] concerning the accuracy and completeness of his statements and concerning his allegation that he is unaware of relevant facts.

§ 17
Disclosure

(1) For purposes of applying §§ 5 and 7 through 15, taxpayers shall themselves and in cooperation with others submit the information necessary with respect thereto. Upon demand there shall in particular

1. be disclosed the business relationship which exists between the corporation and a taxpayer subject to unlimited taxability so participating or a person related with such taxpayer within the meaning of § 1 (2),

2. be submitted for inspection the documentation relevant for the application of §§ 7 through 14, including balance sheets and profit and loss statements. Upon demand, these documents must be submitted with an attached audit certificate as required by law or as otherwise usual in the country of the principal place of business or of the corporate seat and issued by a government recognized auditing aggency or a like institution.

(2) If the determination of income for which the foreign corporation is an intermediate company requires an estimation pursuant to § 162 General Tax Code[56], then in the absence of other suitable criteria, the estimation

---

55 **§ 95 General Tax Code**
Affidavit
(1) The tax office may request a taxpayer to verify allegations of facts with an affidavit. An affidavit shall only be requested if other means of finding the truth are lacking or have produced no results or require disproportionate efforts. No affidavits may be requested from persons not being oathworthy within the meaning of § 393 Code of Civil Procedure [relating to persons under 16 years of age or mentally afflicted].

(2)–(5) [relating to procedure]
(6) An affidavit cannot be extorted by force under § 328 [relating to enforcement fines, imprisonment, etc.].

56 See footnote 1.

punkte bei der Schätzung als Anhaltspunkt von mindestens 20 vom Hundert des gemeinen Werts der von den unbeschränkt Steuerpflichtigen gehaltenen Anteile auszugehen; Zinsen und Nutzungsentgelte, die die Gesellschaft für überlassene Wirtschaftsgüter an die unbeschränkt Steuerpflichtigen zahlt, sind abzuziehen.

§ 18
Gesonderte Feststellung von Besteuerungsgrundlagen

(1) Die Besteuerungsgrundlagen für die Anwendung der §§ 7 bis 14 werden gesondert festgestellt. Sind an der ausländischen Gesellschaft mehrere unbeschränkt Steuerpflichtige beteiligt, so wird die gesonderte Feststellung ihnen gegenüber einheitlich vorgenommen; dabei ist auch festzustellen, wie sich die Besteuerungsgrundlagen auf die einzelnen Beteiligten verteilen. Die Vorschriften der Abgabenordnung, mit Ausnahme des § 180 Abs. 3[57], und der Finanzgerichtsordnung über die gesonderte Feststellung von Besteuerungsgrundlagen sind entsprechend anzuwenden.

(2) Für die gesonderte Feststellung ist das Finanzamt zuständig, das bei dem unbeschränkt Steuerpflichtigen für die Ermittlung der aus der Beteiligung bezogenen Einkünfte örtlich zuständig ist. Ist die gesonderte Feststellung gegenüber mehreren Personen einheitlich vorzunehmen, so ist das Finanzamt zuständig, das nach Satz 1 für den Beteiligten zuständig ist, dem die höchste Beteiligung an der ausländischen Gesellschaft zuzurechnen ist. Läßt sich das zuständige Finanzamt nach den Sätzen 1 und 2 nicht feststellen, so ist das Finanzamt zuständig, das zuerst mit der Sache befaßt wird.

(3) Jeder der an der ausländischen Gesellschaft beteiligten unbeschränkt Steuerpflichtigen und erweitert beschränkt Steuerpflichtigen[*] hat eine Erklärung zur gesonderten Feststellung abzugeben. Diese Verpflichtung kann durch die Abgabe einer gemeinsamen Erklärung erfüllt werden. Die Erklärung ist von dem Steuerpflichtigen oder von den in § 34 der Abgabenordnung[58] bezeichneten Personen eigenhändig zu unterschreiben.

---

57 Betrifft Fälle, wenn nur eine der beteiligten Personen der inländischen Steuerpflicht unterliegt, sowie Fälle von geringer Bedeutung.

[*] Der Ausdruck „erweitert beschränkt Steuerpflichtiger" ist neu im Gesetz. Er wurde mit Absatz 3 durch das Steuerbereinigungsgesetz 1985 eingefügt. Offenbar soll er Steuerpflichtige bezeichnen, die unter § 2 AStG fallen, da man diese gewöhnlich so zu nennen pflegt.

58 § 34 Abgabenordnung betrifft die Pflichten der gesetzlichen Vertreter nach den Steuergesetzen.

shall use the criterion of an income equal to at least 20 per cent of the fair market value of the shares held by the taxpayer being subject to unlimited taxability; there shall be deducted interest payments and payments made by the corporation to taxpayers subject to unlimited taxability for the right to use property made available to the corporation.

§ 18
Separate Determination of Tax Bases

(1) The bases of taxation relative to the application of §§ 7 through 14 shall be determined separately. If several residents hold participations in foreign corporations, then the separate determination shall be made uniformly with regard to all of them; at the same time, it shall also be determined how the tax bases are to be allocated among the several participants. The provisions of the General Tax Code with the exception of § 180 (3)[57] and of the Code of Tax Procedure concerning the separate determination of tax bases shall apply correspondingly.

(2) The separate determination shall be made by the tax office which is locally competent for the assessment of the income derived by the residents from their participations. If the separate determination must be made uniformly with regard to several persons, then the tax office shall be competent which has the competency according to the first sentence with regard to that taxpayer to whom the highest participation in the foreign corporation is attributable. If a competent tax office cannot be found by applying the first and the second sentence, then the tax office which first becomes engaged in the matter shall be competent.

(3) Every person subject to unlimited or extended limited taxability[*] and holding a participation in the foreign corporation shall file a return for a separate determination. This obligation can be complied with by filing a joint return. The return shall be signed in person by the taxpayer or by the persons designated in § 34 General Tax Code[58].

---

57 Relating to a situation where only one of the several taxpayers is subject to German income or corporation income tax, as well as to cases of minor significance.

[*] The term "extended limited taxability" ist new in the law. This sub-section (3) was added by the federal law of 14 December 1984. The term appears to refer to persons falling under § 2 of the "Aussensteuergesetz" [see p. 41 above] because the term is being used for those persons as a colloquialism.

58 § 34 General Tax Code relates to duties of legal and general representatives of natural and legal persons under the tax laws.

Siebenter Teil
Schlußvorschriften

§ 19
Übergangsregelung für die Auflösung von Zwischengesellschaften

(1) Wird eine ausländische Gesellschaft innerhalb von fünf Jahren nach dem Jahr des Inkrafttretens dieses Gesetzes aufgelöst, so kann ein unbeschränkt Steuerpflichtiger, der gemäß § 7 an der Gesellschaft beteiligt ist und der die Beteiligung im Zeitpunkt der Auflösung in seinem Betriebsvermögen führt, ihm zugeteiltes Vermögen, für dessen Erträge die ausländische Gesellschaft Zwischengesellschaft gewesen ist, mit Ausnahme von Geld, Guthaben und Forderungen (begünstigtes Vermögen) statt mit dem gemeinen Wert mit dem sich für den Zeitpunkt der Auflösung ergebenden anteiligen Buchwert der Beteiligung ansetzen. Der anteilige Buchwert ist der Teil des Buchwertes der Beteiligung, der dem Anteil des gemeinen Wertes des begünstigten Vermögens am gemeinen Wert des insgesamt zugeteilten Vermögens entspricht. Soweit Satz 1 anzuwenden ist, sind die gemeinen Werte der einzelnen Wirtschaftsgüter jeweils um den Vomhundertsatz zu verringern, der dem Verhältnis des Unterschieds zwischen dem gemeinen Wert des begünstigten Vermögens und dem anteiligen Buchwert der Beteiligung zum gemeinen Wert des begünstigten Vermögens entspricht. Auf Liquidationsgewinne, die bei einer Auflösung nach den Sätzen 1 bis 3 entstehen, sind die §§ 7 bis 14 nicht anzuwenden.

(2) Absatz 1 ist sinngemäß anzuwenden, wenn eine ausländische Gesellschaft auf Grund einer Herabsetzung ihres Kapitals begünstigtes Vermögen unbeschränkt Steuerpflichtigen zuteilt und die übrigen Voraussetzungen des Absatzes 1 erfüllt sind.

§ 20
Bestimmungen über die Anwendung von Abkommen
zur Vermeidung der Doppelbesteuerung

(1) Die Vorschriften der §§ 7 bis 18 und der Absätze 2 und 3 werden durch die Abkommen zur Vermeidung der Doppelbesteuerung nicht berührt.

(2) Fallen Einkünfte mit Kapitalanlagecharakter im Sinne des § 10 Abs. 6 Satz 2 in der ausländischen Betriebsstätte eines unbeschränkt Steuer-

Part Seven
Final Provisions

§ 19
Transitional Provisions Relating to the Dissolution of
Intermediate Companies

(1) If a foreign corporation is dissolved within five years after the coming into force of this Act, then a German resident who holds a participation in the corporation within the meaning of § 7 and whose participation is part of his business assets at the time of the dissolution may include the property distributed to him, except for money, bank accounts and accounts receivable, for the income of which the foreign corporation had been an intermediate company (preferred property) in his financial statements with values equal to his distributive share of the book value of his participation at the time of the dissolution, rather than with the fair market value of such property. The distributive share of the book value shall be that portion of the book value of the participation which corresponds to the proportion of the fair market value of the preferred property to the fair market value of the entire property distributed to the taxpayer. To the extent that the first sentence is applicable, the individual fair market values of the individual assets shall be reduced by the same percentage which corresponds to the relation of the difference between the fair market value of the preferred property and the distributive share of the book value of the participation to the fair market value of the preferred property. §§ 7 through 14 shall not apply to a liquidation surplus resulting from a dissolution made in accordance with the first through third sentence hereof.

(2) Subsec. (1) shall apply correspondingly if a foreign corporation makes a distribution of preferred property to a German resident resulting from a reduction of its stated capital, provided that the other prerequisites of subsec. (1) are met.

§ 20
Provisions Regarding the Application of
Double Taxation Conventions

(1) The provisions of §§ 7 through 18 and of subsec. (2) and (3) shall not be affected by Double Taxation Conventions.

(2) If intermediate income with capital investment character within the meaning of § 10 (6), 2nd sentence accrues in a foreign permanent estab-

pflichtigen an und wären sie als Zwischeneinkünfte* steuerpflichtig, falls diese Betriebsstätte eine ausländische Gesellschaft wäre, ist insoweit die Doppelbesteuerung nicht durch Freistellung, sondern durch Anrechnung der auf diese Einkünfte erhobenen ausländischen Steuern zu vermeiden.

(3) In den Fällen des Absatzes 2 ist bei Vermögen, das Einkünften mit Kapitalanlagecharakter im Sinne des § 10 Abs. 6 Satz 2 mit Ausnahme der Einkünfte mit Kapitalanlagecharakter im Sinne des § 10 Abs. 6 Satz 3 zugrunde liegt, die Doppelbesteuerung nicht durch Freistellung, sondern durch Anrechnung der auf dieses Vermögen erhobenen ausländischen Steuern zu vermeiden. In den Fällen des § 7 ist Satz 1 sinngemäß anzuwenden.

§ 21
Anwendungsvorschriften[59]

(1) Die Vorschriften dieses Gesetzes sind, soweit in den folgenden Absätzen nichts anderes bestimmt ist, wie folgt anzuwenden:

1. für die Einkommensteuer und für die Körperschaftsteuer erstmals für den Veranlagungszeitraum 1972;

2. für die Gewerbesteuer erstmals für den Erhebungszeitraum 1972;

3. für die Vermögensteuer erstmals bei Neuveranlagungen oder Nachveranlagungen auf den 1. Januar 1973;

4. für die Erbschaftsteuer auf Erwerbe, bei denen die Steuerschuld nach dem Inkrafttreten dieses Gesetzes entstanden ist.

(2) Die Anwendung der §§ 2 bis 5 wird nicht dadurch berührt, daß die unbeschränkte Steuerpflicht der natürlichen Person bereits vor dem 1. Januar 1972 geendet hat.

(3) Soweit in Anwendung des § 10 Abs. 3 Wirtschaftsgüter erstmals zu bewerten sind, sind sie mit den Werten anzusetzen, die sich ergeben würden, wenn seit Übernahme der Wirtschaftsgüter durch die ausländische Gesellschaft die Vorschriften des deutschen Steuerrechts angewendet worden wären.

(4) § 13 Abs. 2 Nr. 2 ist erstmals anzuwenden

---

*   Siehe Fußnote * zu § 7(6).

59 Nach dem Beschluß des Bundesverfassungsgerichts 2 BvL 2/83 vom 14. Mai 1986 (BGBl. I S. 1030) ist die rückwirkende Anwendung dieses Gesetzes auf Sachverhalte, die zwischen dem 1. Januar und 21. Juni 1972 verwirklicht wurden, für verfassungswidrig erklärt worden.

lishment of a domestic taxpayer and if such income would be taxable as intermediate income* if the permanent establishment were a foreign company, then and to the extent thereof the double taxation shall be avoided by crediting the foreign tax imposed on such income, rather than by exempting the income.

(3) In the cases of subsec. (2) the double taxation with respect to the property underlying the income with capital investment character within the meaning of § 10 (6), 2nd sentence but with the exception of income with capital investment character within the meaning of § 10 (6), 3rd sentence, shall be avoided by crediting the foreign tax imposed on such property, rather than by exempting the property. In the cases of § 7 the 1st sentence shall apply correspondingly.

§ 21
First Application[59]

(1) Exept as otherwise provided hereinbelow, the provisions of this Act shall be applied as follows:

1. with respect to the income tax and the corporation income tax beginning with the assessment period 1972,

2. with respect to the trade tax beginning with the collection period 1972,

3. with respect to the property tax firstly to new assessments or post-assessments per 1st January 1973,

4. with respect to the inheritance tax and gift tax to transfers resulting in taxes becoming payable after the effective date of this Act.

(2) §§ 2 through 5 shall apply irrespective of whether the unlimited taxability of the natural person had ended prior to 1st Januar 1972.

(3) If the application of § 10 (3) requires that property be valued for the first time, then such property shall be valued in such a way as if the provisions of the German tax laws had been applied after the foreign corporation acquired such property.

(4) § 13 (2) No. 2 shall first be applied

---

* See footnote* to § 7 (6).

59 The Federal Constitutional Court has declared unconstitutional a retroactive application of this Act to taxable events which occured between 1 January and 21 June 1972 (Decree of the Court 2 BvL 2/83 of 14 May 1986, Federal Statutes I p. 1030).

1. für die Körperschaftsteuer für den Veranlagungszeitraum 1984;
2. für die Gewerbesteuer für den Erhebungszeitraum 1984.

§ 1 Abs. 4, § 13 Abs. 1 Satz 1 Nr. 1 Buchst. b und Satz 2 in der Fassung des Artikels 17 des Gesetzes vom 25. Februar 1992 (BGBl. I S. 297) sind erstmals anzuwenden:

1. für die Einkommensteuer und für die Körperschaftsteuer für den Veranlagungszeitraum 1992;
2. für die Gewerbesteuer für den Erhebungszeitraum 1992.

(5) § 18 Abs. 3 ist auch für Veranlagungszeiträume und Erhebungszeiträume vor 1985 anzuwenden, wenn die Erklärungen noch nicht abgegeben sind.

(6) Bei der Anwendung der §§ 2 bis 6 für die Zeit nach dem 31. Dezember 1990 steht der unbeschränkten Steuerpflicht nach § 1 Abs. 1 Satz 1 des Einkommensteuergesetzes[60] die unbeschränkte Steuerpflicht nach § 1 Abs. 1 des Einkommensteuergesetzes der Deutschen Demokratischen Republik in der Fassung vom 18. September 1970 (Sonderdruck Nr. 670 des Gesetzblattes) gleich. Die Anwendung der §§ 2 bis 5 wird nicht dadurch berührt, daß die unbeschränkte Steuerpflicht der natürlichen Personen bereits vor dem 1. Januar 1991 geendet hat.

(7) § 7 Abs. 6, § 10 Abs. 6, § 11 Abs. 4, § 12 Abs. 3, § 14 Abs. 2 Satz 2, Abs. 4 Satz 1 letzter Halbsatz, Satz 5 und § 20 in der Fassung des Artikels 17 des Gesetzes vom 25. Februar 1992 (BGBl. I S. 297) sind erstmals anzuwenden

1. für die Einkommensteuer und Körperschaftsteuer für den Veranlagungszeitraum,
2. mit Ausnahme des § 20 Abs. 2 und 3 für die Gewerbesteuer für den Erhebungszeitraum,

für den Zwischeneinkünfte mit Kapitalanlagecharakter im Sinne des § 10 Abs. 6 Satz 2 hinzuzurechnen sind, die in einem Wirtschaftsjahr der Zwischengesellschaft oder der Betriebsstätte entstanden sind, das nach dem 31. Dezember 1991 beginnt. § 7 Abs. 6, § 10 Abs. 6, § 11 Abs. 4 Satz 1, § 14 Abs. 4 Satz 5 und § 20 Abs. 2 und 3 in Verbindung mit § 10 Abs. 6 in der Fassung dieses Gesetzes sind erstmals anzuwenden

1. für die Einkommensteuer und Körperschaftsteuer für den Veranlagungszeitraum,
2. mit Ausnahme des § 20 Abs. 2 und 3 für die Gewerbesteuer, für die der Teil des Hinzurechnungsbetrags, dem Einkünfte mit Kapitalanlagecharakter im Sinne des § 10 Abs. 6 Satz 3 zugrunde liegen, außer Ansatz bleibt, für den Erhebungszeitraum,

---

60 Siehe Fußnote 8.

1. with respect to the corporation income tax for the assessment period 1984,

2. with respect to the trade tax for the collection period 1984.

§1 (4), §13 (1), 1st sentence lit. b and 2nd sentence as per Article 17 of the law of 25 Febr. 1992 (Federal Statutes I p. 297) shall first be applied:

1. with respect to the income tax and the corporation income tax to the assessment period 1992;

2. with respect to the trade tax to the collection period 1992.

(5) § 18 (3) shall also be applied to assessment periods and collection periods prior to 1985 if the tax returns were not yet filed.

(6) When applying §§ 2 through 6 after 31 December 1990, the term "persons subject to unlimited taxability" as used in § 1 (1) of the income tax act of the German Democratic Republic of September 18, 1970 (special print No. 670 of the Statutes) shall be equal to the term "persons subject to unlimited taxability" as used in § 1 (1) No. 1, 1st sentence, Income Tax Act[60]. §§ 2 through 5 shall apply irrespective of whether the unlimited taxability of the natural person had ended prior to 1st January 1991.

(7) The provisions of § 7 (6), § 10 (6), § 11 (4), § 12 (3), § 14 (2), 2nd sentence, § 14 (4), last semi-sentence of its 1st sentence and 5th sentence and of § 20 as enacted by Article 17 of the law of 25 February 1992 (Federal Statutes I p. 297) shall first apply

1. with respect to the income tax and the corporation income tax to the assessment period,

2. with respect to the trade tax – except for § 20 (2) and (3) – to the collection period

for which intermediate income with capital investment character within the meaning of § 10 (6), 2nd sentence which has accrued in a taxable year of the intermediate company or the permanent establishment beginning after 31 December 1991 shall be added to taxable income. § 7 (6), § 10 (6), § 11 (4), 1st sentence, § 14 (4), 5th sentence and § 20 (2) and (3) in connection with § 10 (6) as enacted by this law shall first be applied

1. with respect to the income tax and the corporation income tax to the assessment period,

2. with respect to the trade tax – except for § 20 (2) and (3) – in respect of which that portion of the additions shall be disregarded which originate from income with capital investment character within the meaning of § 10 (6), 3rd sentence, to the collection period

---

60 See footnote 8.

für den Zwischeneinkünfte mit Kapitalanlagecharakter im Sinne des § 10 Abs. 6 Satz 2 und 3 hinzuzurechnen sind, die in einem Wirtschaftsjahr der Zwischengesellschaft oder der Betriebsstätte entstanden sind, das nach dem 31. Dezember 1993 beginnt. § 20 Abs. 3 in der Fassung des Artikels 17 des Gesetzes vom 25. Februar 1992 (BGBl. I S. 297) ist erstmals für die Vermögensteuer des Jahres 1993 anzuwenden. § 20 Abs. 3 in der Fassung dieses Gesetzes ist erstmals für die Vermögensteuer des Jahres 1995 anzuwenden.

(8) § 6 Abs. 3 Nr. 4 in der Fassung dieses Gesetzes ist erstmals auf Einbringungen anzuwenden, die nach dem 31. Dezember 1991 vorgenommen werden.

(9) § 8 Abs. 1 Nr. 7 und § 10 Abs. 3 Satz 6 in der Fassung des Artikels 7 des Gesetzes vom 13. September 1993 (BGBl. I S. 1569) ist erstmals anzuwenden

1. für die Einkommensteuer und Körperschaftsteuer für den Veranlagungszeitraum,

2. für die Gewerbesteuer für den Erhebungszeitraum,

für den Zwischeneinkünfte hinzuzurechnen sind, die in einem Wirtschaftsjahr der Zwischengesellschaft entstanden sind, das nach dem 31. Dezember 1991 beginnt. § 10 Abs. 3 Satz 1 in der Fassung dieses Gesetzes ist erstmals anzuwenden

1. für die Einkommensteuer und Körperschaftsteuer für den Veranlagungszeitraum,

2. für die Gewerbesteuer für den Erhebungszeitraum,

für den Zwischeneinkünfte hinzuzurechnen sind, die in einem Wirtschaftsjahr der Zwischengesellschaft entstanden sind, das nach dem 31. Dezember 1993 beginnt.

§ 22
Inkrafttreten

Dieses Gesetz tritt am Tage nach seiner Verkündung[61] in Kraft.

---

61 Das Gesetz wurde am 12. September 1972 verkündet.

for which intermediate income with capital investment character within the meaning of § 10 (6), 2nd and 3rd sentences shall be added if such income accrues in a fiscal year of the intermediate company or of the permanent establishment beginning after 31 December 1993. § 20 (3) as enacted by Article 17 of the law of 25 February 1992 (Federal Statutes I p. 297) shall first be applied to the property tax of the year 1993. § 20 (3) as enacted by this law shall first be applied to the property tax of the year 1995.

(8) § 6 (4) No. 3 as enacted by this law shall first be applied to contributions made after 31 December 1991.

(9) § 8 (1) No. 7 and § 10 (3), 6th sentence as enacted by Article 7 of the law of 13 September 1993 (Federal Statutes I p. 1569) shall first be applied

1. with respect to the income tax and the corporation income tax to the assessment period,

2. with respect to the trade tax to the collection period

with respect to which intermediate income shall be added which accrued within a fiscal year of the intermediate company beginning after 31 December 1991. § 10 (3), 1st sentence as enacted by this law shall first be applied

1. with respect to the income tax and the corporation income tax to the assessment period,

2. with respect to the trade tax to the collection period

with respect to which intermediate income shall be added which accrued within a fiscal year of the intermediate company beginning after 31 December 1991.

§ 22
Effective Date

This Act shall take effect one the day following its promulgation.[61]

---

61 This Act was promulgated on 12 September 1972.

Grundsätze für die Prüfung der Einkunftsabgrenzung bei international verbundenen Unternehmen (Verwaltungsgrundsätze)

Der Bundesminister der Finanzen
Schreiben vom 23. Februar 1983 – IV C 5 – S 1341 – 4/83
(Bundessteuerblatt I 1983, S. 218)

Unter Bezugnahme auf das Ergebnis der Erörterungen mit den Vertretern der obersten Finanzbehörden der Länder gilt für die Frage, nach welchen Grundsätzen die internationale Einkunftsabgrenzung nach dem Maßstab des Fremdvergleichs in den Regelungen des innerstaatlichen Rechts und der Doppelbesteuerungsabkommen zu prüfen ist, folgendes:

Inhaltsverzeichnis

Principles Relating to the Examination of Income Allocation in the Case of Internationally Affiliated Enterprises (Administration Principles)

The Federal Minister of Finance
Letter of 23 February 1983 – IV C 5 – S 1341 – 4/83
(Federal Tax Bulletin I 1983 p. 218)

With reference to the results of the discussions held with representatives of the Highest Finance Authorities of the States, the following principles shall apply when examining international income allocations on the basis of the arm's length principle contained in provision of domestic law and of Double Taxation Conventions:

Table of Contents

1. Die Rechtsgrundlagen zur Einkunftsabgrenzung

1.1. Abgrenzungsregelungen des nationalen Steuerrechts

1.1.1. Hat ein Steuerpflichtiger Geschäftsbeziehungen zu Nahestehenden (vgl. Tz. 1.3.), so ist zu prüfen, ob seine Einkünfte voll erfaßt, d. h. gegenüber dem Ausland nach dem Grundsatz des Fremdvergleichs (vgl. Tz. 2.1.) zutreffend abgegrenzt sind (Einkunftsabgrenzung). Hierfür sind maßgebend die Regelungen (Abgrenzungsregelungen) über

a) die verdeckte Gewinnausschüttung (§ 8 Abs. 3 KStG)[62] (Tz. 1.3.1.1.),

b) die verdeckte Einlage (Tz. 1.3.1.2.) und

c) die Berichtigung von Einkünften bei Geschäftsbeziehungen zum Ausland (§ 1 AStG)[63] (Tz. 1.3.2.).

1.1.2. Die allgemeinen Bestimmungen über die Zurechnung von Wirtschaftsgütern und Einkünften sowie über die Ermittlung der Steuerbemessungsgrundlage (z. B. §§ 39 bis 42 AO)[64] gehen die Abgrenzungsregelungen vor.

1.1.3. Die Abgrenzungsregelungen sind nach ihren Rechtsvoraussetzungen voneinander unabhängig und nebeneinander anwendbar. Sind die Voraussetzungen der verdeckten Gewinnausschüttung oder der verdeckten

---

62 **§ 8 Körperschaftsteuergesetz**
Ermittlung des Einkommens
(1)–(2) ...
(3) Für die Ermittlung des Einkommens ist es ohne Bedeutung, ob das Einkommen verteilt wird. Auch verdeckte Gewinnausschüttungen sowie Ausschüttungen jeder Art auf Genußrechte, mit denen das Recht auf Beteiligung am Gewinn und am Liquidationserlös der Kapitalgesellschaft verbunden ist, mindern das Einkommen nicht.
(4)–(7) ...

63 Siehe Seite 36.

64 **§ 39 Abgabenordnung**
Zurechnung
(1) Wirtschaftsgüter sind dem Eigentümer zuzurechnen.
(2) Abweichend von Absatz 1 gelten die folgenden Vorschriften:
1. Übt ein anderer als der Eigentümer die tatsächliche Herrschaft über ein Wirtschaftsgut in der Weise aus, daß er den Eigentümer im Regelfall für die gewöhnliche Nutzungsdauer von der Einwirkung auf das Wirtschaftsgut wirtschaftlich ausschließen kann, so ist ihm das Wirtschaftsgut zuzurechnen. Bei Treuhandverhältnissen sind die Wirtschaftsgüter dem Treugeber, beim Sicherungseigentum dem Sicherungsgeber und beim Eigenbesitz dem Eigenbesitzer zuzurechnen.
2. Wirtschaftsgüter, die mehreren zur gesamten Hand zustehen, werden den Beteiligten anteilig zugerechnet, soweit eine getrennte Zurechnung für die Besteuerung erforderlich ist.

1. Rules of Law Governing Income Allocation

1.1. Allocation Rules of Domestic Tax Law

1.1.1. Whenever a taxpayer engages in transactions with a related party (see Cl. 1.3), the taxation authorities shall ascertain whether his income is shown in full, i.e., has been correctly allocated (income allocation) in respect of a foreign country under the arm's length principle (see Cl. 2.1.). The governing rules (allocation rules) for this purpose are

a) constructive dividends (§ 8 (3) Corporation Income Tax Act[62] (Cl. 1.3.1.1.),

b) constructive contributions (Cl. 1.3.1.2.), and

c) the adjustment of income in the case of a business relationship extending to a foreign country (§ 1 "Aussensteuergesetz"[63]) (Cl. 1.3.2.).

1.1.2. The general rules on the attribution of assets and liabilities and of income and those pertaining to ascertaining the basis of taxation (for instance §§ 39–42 General Tax Code[64]) shall have precedence over the allocation rules.

1.1.3. The several allocation rules are independent of each other concerning their respective legal prerequisites and may be applied simultaneously. Should the prerequisites of a constructive dividend or a constructive

---

62 **§ 8 Corporation Income Tax Act**
    Determination of Income
    (1)–(2) ...
    (3) It is immaterial für the determination of income whether the income is distributed or not. Constructive dividends as well as distributions of any kind in respect of profit participation rights granting a right to the profits and to the liquidation proceeds of the corporation do not reduce income.
    (4)–(7) ...

63 See page 37.

64 **§ 39 General Tax Code**
    Attribution
    (1) Assets will be attributed to the owner.
    (2) In deviation from subsec. (1) the following shall apply:
    1. If a person other than the owner exerts actual power over an asset in a manner permitting him as a rule to exclude, in economic substance, the owner from prevailing upon such asset during its normal useful life, then the asset shall be attributed to such person. In the case of fiduciary arrangements an asset will be attributed to the trustor, assets assigned for security purposes are attributed to the principal and those bona fide possessed to the possessing party.

    2. Assets owned jointly by several persons are attributed to each of them proportionately to the extent that this is required for taxation purposes.

Einlage und des § 1 AStG gleichzeitig gegeben, so ist der sich ergebende Berichtigungsbetrag nach den ertragsteuerlichen Grundsätzen über die verdeckte Gewinnausschüttung oder die verdeckte Einlage zu behandeln.

1.1.4. Dieses Schreiben enthält allgemeine Grundsätze für die Prüfung der internationalen Einkunftsabgrenzung. Bei seiner Anwendung sind alle Umstände des Einzelfalls zu beachten; dazu gehören z. B. Sonderverhältnisse durch die Struktur der Märkte oder der Versorgung, durch die Unternehmensstruktur und durch staatliche Maßnahmen sowie bestehende Handelsbräuche. Die allgemeinen Grundsätze der steuerlichen Betriebsprüfung (z. B. über die Aufklärung und Prüfung des Sachverhaltes auch zugunsten des Steuerpflichtigen) sowie Regelungen zur ihrer Rationalisierung bleiben unberührt.

1.1.5. Die obersten Finanzbehörden des Bundes und der Länder werden ggf. Anweisungen erlassen, um

a) dem Ergebnis internationaler Abstimmung über den Grundsatz des Fremdvergleichs in bestimmten Bereichen Rechnung zu tragen oder

b) zum Schutz von Unternehmen, die in der Bundesrepublik Deutschland ansässig sind, den Grundsatz der Gegenseitigkeit zu wahren.

1.2. Abgrenzungsklauseln der Doppelbesteuerungsabkommen (DBA)

1.2.1. Die DBA enthalten am Grundsatz des Fremdvergleichs ausgerichtete Klauseln über die Einkunftsabgrenzung (vgl. insbesondere Artikel 9

---

§ 40 Abgabenordnung
Gesetz- oder sittenwidriges Handeln
Für die Besteuerung ist es unerheblich, ob ein Verhalten, das den Tatbestand eines Steuergesetzes ganz oder zum Teil erfüllt, gegen ein gesetzliches Gebot oder Verbot oder gegen die guten Sitten verstößt.
§ 41 Abgabenordnung
Unwirksame Rechtsgeschäfte
(1) Ist ein Rechtsgeschäft unwirksam oder wird es unwirksam, so ist dies für die Besteuerung unerheblich, soweit und solange die Beteiligten das wirtschaftliche Ergebnis dieses Rechtsgeschäfts gleichwohl eintreten und bestehen lassen. Dies gilt nicht, soweit sich aus den Steuergesetzen etwas anderes ergibt.
(2) Scheingeschäfte und Scheinhandlungen sind für die Besteuerung unerheblich. Wird durch ein Scheingeschäft ein anderes Rechtsgeschäft verdeckt, so ist das verdeckte Rechtsgeschäft für die Besteuerung maßgebend.
§ 42 Abgabenordnung
Mißbrauch von rechtlichen Gestaltungsmöglichkeiten
Durch Mißbrauch von Gestaltungsmöglichkeiten des Rechts kann das Steuergesetz nicht umgangen werden. Liegt ein Mißbrauch vor, so entsteht der Steueranspruch so, wie er bei einer den wirtschaftlichen Vorgängen angemessenen rechtlichen Gestaltung entsteht.

contribution and of § 1 "Aussensteuergesetz" be present at the same time, then the resulting amount of income adjustment shall be treated according to the income tax rules of a constructive dividend or a constructive contribution, respectively.

1.1.4. This Letter contains general rules governing the examination of international income allocation. In applying those rules, all the facts of the individual case shall be considered, including, for instance, special circumstances resulting from market structures or supply structures, from the structure of the enterprise, from governmental interventions, as well as existing trade customs. This Letter shall not affect the general rules regarding tax audits (for instance on disclosures and on examining the facts also in favour of the taxpayer), nor the rules relative to their rationalisation.

1.1.5. The highest taxation authorities of the Fedcral Government and of the States will eventually issue rulings in order to

a) take cognizance of the results of international understandings on the arm's length principle in certain areas, or

b) safeguard the principle of reciprocity for the protection of enterprises resident in the Federal Republic of Germany.

1.2. Allocation Rules of Double Taxation Conventions (DTCs)

1.2.1. The DTCs contain clauses which follow the arm's length principle (see in particular Article 9 (1) of the OECD Model Double Taxation Con-

---

§ 40 General Tax Code
Unlawful or Contra Bonos Mores Acts
It is irrelevant for taxation purposes whether activities resulting wholly or partly in a taxable event are unlawful or contra bonos mores.

§ 41 General Tax Code
Void Transactions
(1) It is irrelevant for taxation purposes whether a transaction is or becomes void if and to the extent that the parties would nevertheless cause the economic effects of the transaction to materialize or to continue. This does not apply where the tax laws provide otherwise.
(2) Sham transactions and fictious acts do not exist for taxation purposes. Where a transaction is camouflaged by a sham transaction, the camouflaged transaction will be subject to tax.
§ 42 General Tax Code
Misuse of Form versus Substance
By a misuse of forms or concepts of law the tax law can not be circumvented. In the case of a misuse the tax arise as it would have arisen had the form appropriate to the economic subtance been observed.

Abs. 1 des OECD-Musterabkommens)[65]. Sie begründen unmittelbar keine Steuerpflicht (BFH-Urteil vom 12. 3. 1980 – BStBl. II S. 531). Sie erlauben aber, daß der Maßstab des Fremdvergleichs international übereinstimmend angewendet wird. Die Abgrenzungsregelungen des nationalen Steuerrechts (insbesondere § 1 AStG)[63] bleiben auch in den Fällen der Interessenverflechtung anwendbar, die in den Abgrenzungsklauseln der DBA nicht genannt sind. Dem Sinn und Zweck der DBA entspricht es nicht, Berichtigungen von Einkünften, die sachlich geboten sind, für bestimmte Fälle zu verbieten.

1.2.2. Die Abgrenzungsklauseln der DBA ermöglichen es der deutschen und der ausländischen Finanzverwaltung, Einkünfte auf der gemeinsamen Rechtsgrundlage des Vertrages abzugrenzen. Hierzu können nach deutscher Vertragsauslegung Verständigungs- oder Konsultationsverfahren eingeleitet werden. Zu den hierbei zu beachtenden Gesichtspunkten des Schutzes des Steuerpflichtigen vgl. BFH-Urteil vom 26. 5. 1982 – BStBl. II S. 583.

1.2.3. Aufgrund eines Verständigungs- oder Konsultationsverfahrens

a) können in der Bundesrepublik Deutschland versteuerte Einkünfte auch herabgesetzt werden, um die Einkünfte in beiden Staaten übereinstimmend abzugrenzen;

b) kann festgestellt werden, daß die übereinstimmende Abgrenzung ungeachtet der Bestandskraft eines deutschen Steuerbescheides durchgeführt werden soll,

wenn eine doppelte Belastung nicht auf andere Weise ausgeschlossen wer-

---

65 **Artikel 9 OECD-Musterabkommen**
   Verbundene Unternehmen
   (1) Wenn
   a) ein Unternehmen eines Vertragsstaats unmittelbar oder mittelbar an der Geschäftsleitung, der Kontrolle oder dem Kapital eines Unternehmens des anderen Vertragsstaats beteiligt ist oder
   b) dieselben Personen unmittelbar oder mittelbar an der Geschäftsleitung, der Kontrolle oder dem Kapital eines Unternehmens eines Vertragsstaats und eines Unternehmens des anderen Vertragsstaats beteiligt sind
   und in diesen Fällen die beiden Unternehmen in ihren kaufmännischen oder finanziellen Beziehungen an vereinbarte oder auferlegte Bedingungen gebunden sind, die von denen abweichen, die unabhängige Unternehmen miteinander vereinbaren würden, so dürfen die Gewinne, die eines der Unternehmen ohne diese Bedingungen erzielt hätte, wegen dieser Bedingungen aber nicht erzielt hat, den Gewinnen dieses Unternehmens zugerechnet und entsprechend besteuert werden.

vention[65]). Whereas these clauses do not themselves impose taxes (Federal Tax Court decision of 12 March 1980, BStBl. II p. 531), they do permit the arm's length principle to be applied in a uniform manner internationally. The allocation rules of German national law (in particular § 1 "Aussensteuergesetz"[63]) are also applicable in cases of a nexus of interests not mentioned in the allocation clauses of the DTCs. The DTCs are not intended to prevent adjustments of income which are materially warranted in specific cases.

1.2.2. The allocation clauses of DTCs make it possible for both the German and the foreign taxation authorities to allocate income on the common basis of the treaty. To this end, mutual agreement or consultative procedures among the competent authorities may be instituted according to German treaty interpretation. Concerning the issue of protecting the taxpayer's interest in this context, see Federal Tax Court decision of 26 May 1982, BStBl. II p. 583.

1.2.3. As a result of a mutual agreement or consultative procedure

a) amounts of income which have been taxed in the Federal Republic of Germany can also be reduced in order to achieve corresponding adjustments in both states;

b) it can be decided that corresponding adjustments are to be made irrespective of the fact that a German tax assessment has become final,

provided that double taxation cannot be avoided in a different manner (see

---

65 **Article 9 OECD Model Double Taxation Convention**
Associated Enterprises
(1) Where
a) an enterprise of a Contracting State participates directly or indirectly in the management, control or capital of an enterprise of the other Contracting State, or
b) the same persons participate directly or indirectly in the management, control or capital of an enterprise of a Contracting State and an enterprise of the other Contracting State,
and in either case conditions are made or imposed between the two enterprises in their commercial or financial relations which differ from those which would be made between independent enterprises, then any profits which would, but for those conditions, have accrued to one of the enterprises, but, by reason of those conditions, have not so accrued, may be included in the profits of that enterprise and taxed accordingly.

den kann (vgl. Art. 25 OECD-Musterabkommen[66] i. V. m. § 2 AO[67] sowie BFH-Urteil vom 1. 2. 1967 – BStBl. III S. 495).

Die deutsche Finanzverwaltung beachtet hierbei den Grundsatz der Gegenseitigkeit.

1.2.4. Die deutsche Finanzverwaltung kann zur gemeinsamen Einkunftsabgrenzung Verständigungsverfahren auch einleiten, wenn ein DBA nicht besteht, das DBA eine Abgrenzungsklausel nicht enthält oder eine bestehende Abgrenzungsklausel die betreffende Einkunftsabgrenzung nicht regelt.

1.2.5. Dem Steuerpflichtigen soll rechtzeitig Gelegenheit gegeben werden, die anderen Betroffenen von einer beabsichtigten Berichtigung zu un-

---

66 **Artikel 25 OECD-Musterabkommen**
Verständigungsverfahren
(1) Ist eine Person der Auffassung, daß Maßnahmen eines Vertragsstaats oder beider Vertragsstaaten für sie zu einer Besteuerung führen oder führen werden, die diesem Abkommen nicht entspricht, so kann sie unbeschadet der nach dem innerstaatlichen Recht dieser Staaten vorgesehenen Rechtsmittel ihren Fall der zuständigen Behörde des Vertragsstaats, in dem sie ansässig ist, oder, sofern ihr Fall von Artikel 24 Absatz 1 erfaßt wird, der zuständigen Behörde des Vertragsstaates unterbreiten, dessen Staatsangehöriger sie ist. Der Fall muß innerhalb von drei Jahren nach der ersten Mitteilung der Maßgabe unterbreitet werden, die zu einer dem Abkommen nicht entsprechenden Besteuerung führt.
(2) Hält die zuständige Behörde die Einwendung für begründet und ist sie selbst nicht in der Lage, eine befriedigende Lösung herbeizuführen, so wird sie sich bemühen, den Fall durch Verständigung mit der zuständigen Behörde des anderen Vertragstaats so zu regeln, daß eine dem Abkommen nicht entsprechende Besteuerung vermieden wird. Die Verständigungsregelung ist ungeachtet der Fristen des innerstaatlichen Rechts der Vertragstaaten durchzuführen.
(3) Die zuständigen Behörden der Vertragstaaten werden sich bemühen, Schwierigkeiten oder Zweifel, die bei der Auslegung oder Anwendung des Abkommens entstehen, in gegenseitigem Einvernehmen zu beseitigen. Sie können auch gemeinsam darüber beraten, wie eine Doppelbesteuerung in Fällen vermieden werden kann, die im Abkommen nicht behandelt sind.
(4) Die zuständigen Behörden der Vertragstaaten können zur Herbeiführung einer Einigung im Sinne der vorstehenden Absätze unmittelbar miteinander verkehren. Erscheint ein mündlicher Meinungsaustausch für die Herbeiführung der Einigung zweckmäßig, so kann ein solcher Meinungsaustausch in einer Kommission durchgeführt werden, die aus Vertretern der zuständigen Behörden der Vertragstaaten besteht.

67 **§ 2 Abgabenordnung**
Vorrang völkerrechtlicher Vereinbarungen
Verträge mit anderen Staaten im Sinne des Artikels 59 Abs. 2 Satz 1 des Grundgesetzes über die Besteuerung gehen, soweit sie unmittelbar anwendbares innerstaatliches Recht geworden sind, den Steuergesetzen vor.

Article 25 OECD Model Double Taxation Convention[66] together with § 2 General Tax Code[67] and Federal Tax Court decision of 1 February 1967, BStBl. III p. 495).

The German fiscal authorities will observe the principle of reciprocity.

1.2.4. For purposes of achieving corresponding adjustments the competent German authorities may institute mutual agreement procedures even where there is no DTC or where a DTC does not contain an allocation clause or where an existing allocation clause does not deal with the income allocation at issue.

1.2.5. The taxpayer shall be granted timely opportunity to inform the other affected parties of an intended adjustment in order to make it pos-

---

66 **Article 25 OECD Model Double Taxation Convention**
Mutual Agreement Procedure
(1) Where a peson considers that the actions of one or both of the Contracting States result or will result for him in taxation not in accordance with the provisions of this Convention, he may, irrespective of the remedies provided by the domestic law of those States, present his case to the competent authority of the contracting State of which he is a resident or, if his case comes under paragraph 1 of Article 24, to that of the Contracting State of which he is a national. The case must be presented within three years from the first notification of the action resulting in taxation not in accordance with the provisions of the Convention.

(2) The competent authority shall endeavour, if the objection appears to it to be justified and if it is not itself able to arrive at a satisfactory solution, to resolve the case by mutual agreement with the competent authority of the other Contracting State, with a view to the avoidance of taxation which is not in accordance with the Convention. Any agreement reached shall be implemented notwithstanding any time limits in the domestic law of the Contracting States.

(3) The competent authorities of the Contracting States shall endeavour to resolve by mutual agreement any difficulties or doubts arising as to the interpretation or application of the Convention. They may also consult together for the elimination of double taxation in cases not provided for in the Convention.

(4) The competent authorities of the Contracting States may communicate with each other directly for the purpose of reaching an agreement in the sense of the preceding paragraphs. When it seems advisable in order to reach agreement to have an oral exchange of opinions, such exchange may take place through a Commission consisting of representatives of the competent authorities of the Contracting States.

67 **§ 2 General Tax Code**
Precedence of International Agreements
Agreements with other states within the meaning of Article 59 (2), 1st sentence, of the Constitution and pertaining to taxation have precedence over the tax laws to the extent that such agreements have become directly applicable domestic law.

terrichten, um ihnen die Möglichkeit zu geben, mit den für sie zuständigen Finanzbehörden die Auswirkungen zu erörtern, die sich aus der beabsichtigten Berichtigung für ihre Besteuerung ergeben. Die Finanzämter erteilen die Bestätigungen, die im Ausland erforderlich sind.

1.2.6. Unterrichtet eine ausländische Finanzbehörde den ausländischen Nahestehenden über eine beabsichtigte Berichtigung, so soll auch schon vor Einleitung eines Verständigungsverfahrens dem inländischen Nahestehenden auf dessen Antrag hin Gelegenheit gegeben werden, mit der inländischen Finanzbehörde die Auswirkungen zu erörtern, die sich aus der beabsichtigten Berichtigung auf seine Besteuerung ergeben. Setzt die Stellungnahme der Finanzbehörde eine Außenprüfung voraus, so kann sie im Rahmen des Möglichen frühzeitig angesetzt werden. Das Unternehmen hat die zur Beurteilung erforderlichen Unterlagen, insbesondere auch über die vorgesehenen Maßnahmen der ausländischen Finanzbehörden, vorzulegen.

1.3. Voraussetzungen der Einkunftsabgrenzung zu Nahestehenden

1.3.1. Verdeckte Gewinnausschüttung und verdeckte Einlage

1.3.1.1. Eine verdeckte Gewinnausschüttung liegt vor, wenn eine Kapitalgesellschaft einem Gesellschafter oder einer ihm nahestehenden Person außerhalb der gesellschaftsrechtlichen Gewinnverteilung einen Vermögensvorteil zuwendet und diese Zuwendung ihre Ursache im Gesellschaftsverhältnis hat. Auf die Höhe der Beteiligung kommt es in der Regel nicht an. Wegen weiterer Einzelheiten vgl. Abschnitt 31 KStR.[68]

1.3.1.2. Eine verdeckte Einlage liegt vor, wenn einer Kapitalgesellschaft durch einen Gesellschafter oder eine ihm nahestehende Person

---

68 **Körperschaftsteuer-Richtlinien**
Abschnitt 31. Verdeckte Gewinnausschüttungen
Anwendung des § 8 Abs. 3 Satz 2 KStG
(1) Verdeckte Gewinnausschüttungen mindern nach § 8 Abs. 3 Satz 2 KStG [siehe Fußnote 62] das Einkommen nicht. Ist das Einkommen entgegen dieser Vorschrift zu niedrig ausgewiesen, so ist der fehlende Betrag hinzuzurechnen. Die Anwendung des § 8 Abs. 3 Satz 2 KStG ist unabhängig davon, ob und wann nach der Vorschrift des § 27 Abs. 3 Satz 2 KStG die Ausschüttungsbelastung herzustellen ist. Vgl. BFH-Urteile vom 28. 8. 1986 (BStBl. 1987 II S. 75), vom 26. 8. 1987 (BStBl. 1988 II S. 143), vom 9. 12. 1987 (BStBl. 1988 II S. 460), vom 14. 3. 1989 (BStBl. II S. 633), vom 12. 4. 1989 (BStBl. II S. 636) und vom 28. 6. 1989 (BStBl. II S. 854). Wegen der Höhe der Hinzurechnung vgl. Absatz 10. Die auf eine verdeckte Gewinnausschüttung entfallende Ausschüttungsbelastung (§ 27 Abs. 1 KStG) fällt nicht unter die Hinzurechnungsvorschrift des § 8 Abs. 3 Satz 2 KStG. Auf die Höhe eines Zuflußbetrags beim Gesellschafter kommt es in diesem Zusammenhang nicht an. Vgl. BFH-Urteile vom 29. 4. 1987 (BStBl. II S. 733), vom

sible for them to discuss with their respective competent fiscal authorities the effects on their own taxation resulting from the intended adjustment. The tax offices will isue such confirmations as are required abroad.

1.2.6. Where a foreign fiscal authority informs the related foreign party of an intended adjustment the domestic related party shall (even before a mutual agreement procedure has been instituted) be granted opportunity, upon its request, to discuss with the domestic fiscal authorities the effects on its own taxation resulting from the intended adjustment. Where the tax office can not respond without first making a field audit, the latter may be scheduled at an early date if possible. The enterprise concerned shall submit the records required for passing judgement, including in particular those concerning the measures intended by the foreign fiscal authority.

1.3. Prerequisites for Allocating Income with Respect to Related Persons

1.3.1. Constructive Dividends and Constructive Contributions

1.3.1.1. Constructive dividends occur when a corporation transfers benefits (property) to its shareholder or to a person related to its shareholder other than by way of an ordinary dividend distributin and if such transfer is a result of the shareholder-corporation relationship. The percentage of the shareholder's interest in the corporation is irrelevant as a rule. For further details see Section 31 Corporation Income Tax Regulations[68]

1.3.1.2. Constructive contributions occur when a shareholder or a person related to a shareholder transfers benefits (property) qualifying

---

68 **Corporation Income Tax Regulations**
   Section 31. Constructive Dividends
   Application of § 8 (3), 2nd sentence Corporation Income Tax Act (CITA)
   (1) Constructive dividends do not reduce the income of the corporation, § 8 (3), 2nd sentence Corporation Income Tax Act [see footnote 62]. If contrary to this provision the income is understated, the missing amount shall be added back. § 8 (3), 2nd sentence CITA shall apply irrespective of whether and when the amount of tax attributable to the distributions [hereinafter called "the tax burden"] has to be established under § 27 (3), 2nd sentence CITA. See Federal Tax Court – FTC – decisions of 28 Aug. 1986 (BStBl. 1987 II p. 75), of 26 Aug. 1987 (BStBl. 1988 II p. 413), of 9 Dec. 1987 (BStBl. 1988 II p. 460), of 14 March 1989 (BStBl. II p. 633), of 12 April 1989 (BStBl. II p. 636), and of 28 June 1989 (BStBl. II p. 854). As regards the amount of the addback see subsec. (10). The tax burden on distributions (§ 27 (1) CITA) applicable to constructive dividends does not fall under the add-back provision of § 8 (3), 2nd sentence CITA. The amount received by the shareholder is irrelevant, see FTC decisions of 29 April 1987 (BStBl. II

ein einlagefähiger Vermögensvorteil zugewendet wird und diese Zuwendung ihre Ursache im Gesellschaftsverhältnis hat. Wegen weiterer

---

22. 2. 1989 (BStBl. II S. 475) und vom 14. 3. 1989 (BStBl. II S. 633). Wegen der Auswirkungen verdeckter Gewinnausschüttungen auf die Gliederung des verwendbaren Eigenkapitals vgl. Abschnitt 80.

Vorteil gewährende Körperschaft

(2) Die Annahme einer verdeckten Gewinnausschüttung setzt voraus, daß der Empfänger der Ausschüttung ein mitgliedschaftliches oder mitgliedschaftsähnliches Verhältnis zur ausschüttenden Körperschaft hat. Das kann bei Kapitalgesellschaften und Genossenschaften (BFH-Urteile vom 16. 12. 1955, BStBl. 1956 III S. 43, und vom 9. 2. 1972, BStBl. II S. 361), bei Versicherungsvereinen auf Gegenseitigkeit (BFH-Urteil vom 14. 7. 1976, BStBl. II S. 731), bei Realgemeinden und Vereinen (BFH-Urteil vom 23. 9. 1970, BStBl. 1971 II S. 47) und bei Betrieben gewerblicher Art von juristischen Personen des öffentlichen Rechts (BFH-Urteile vom 29. 5. 1968, BStBl. II S. 692, und vom 13. 3. 1974, BStBl. II S. 391) der Fall sein. Destinatäre einer Stiftung haben kein mitgliedschaftliches oder mitgliedschaftsähnliches Verhältnis zur Stiftung. Vgl. BFH-Urteil vom 22. 9. 1959 (BStBl. 1960 III S. 37). Zur Anwendung des § 8 Abs. 3 Satz 2 KStG bei Nichtkapitalgesellschaften vgl. auch BFH-Urteil vom 9. 8. 1989 (BStBl. 1990 II S. 237). Die Annahme einer verdeckten Gewinnausschüttung setzt danach nicht voraus, daß sie zu Einnahmen aus Kapitalvermögen bei anderen Personen führt. Es ist jedoch darauf abzustellen, daß die eintretende Vermögensminderung bzw. verhinderte Vermögensmehrung letztlich zu einem Vorteil bei dem führt, der über Mitgliedschaftsrechte bzw. mitgliedschaftsähnliche Rechte den Einfluß auf das der Körperschaftsteuer unterliegende Gebilde hat. Entscheidend für eine verdeckte Gewinnausschüttung ist ihre Veranlassung durch das mitgliedschaftliche oder mitgliedschaftsähnliche Verhältnis. Aus diesem Grunde kann eine verdeckte Gewinnausschüttung auch vorliegen, wenn im Zeitpunkt der Ausschüttung das mitgliedschaftliche oder mitgliedschaftsähnliche Verhältnis noch nicht oder nicht mehr besteht. Vgl. BFH-Urteil vom 24. 1. 1989 (BStBl. II S. 419).

Begriff der verdeckten Gewinnausschüttung

(3) Eine verdeckte Gewinnausschüttung im Sinne des § 8 Abs. 3 Satz 2 KStG ist eine Vermögensminderung oder verhinderte Vermögensmehrung, die durch das Gesellschaftsverhältnis veranlaßt ist, sich auf die Höhe des Einkommens auswirkt und nicht auf einem den gesellschaftsrechtlichen Vorschriften entsprechenden Gewinnverteilungsbeschluß beruht. Vgl. BFH-Urteile vom 22. 2. 1989 (BStBl. II S. 475) und vom 11. 10. 1989 (BStBl. 1990 II S. 89). Eine Veranlassung durch das Gesellschaftsverhältnis liegt dann vor, wenn ein ordentlicher und gewissenhafter Geschäftsleiter (§ 93 Abs. 1 Satz 1 AktG[69], § 43 Abs. 1 GmbHG[70], § 34 Abs. 1 Satz 1 GenG[71] die Vermögensminderung oder verhinderte Vermögensmehrung gegenüber einer Person, die nicht Gesellschafter ist, unter sonst gleichen Umständen nicht hingenommen hätte. Vgl. BFH-Urteile vom 11. 2. 1987 (BStBl. II S. 461), vom 29. 4. 1987 (BStBl. II S. 733), vom 10. 6. 1987 (BStBl. 1988 II S. 25), vom 28. 10. 1987 (BStBl. 1988 II S. 301), vom 27. 7. 1988 (BStBl. 1989 II S. 57) und vom 7. 12. 1988 (BStBl. 1989 II S. 248). Eine verdeckte Gewinnausschüttung kommt danach z. B. in folgenden Fällen in Betracht:

1. Ein Gesellschafter erhält für seine Vorstands- oder Geschäftsführertätigkeit

as contributions to a corporation and if such transfer is a result of the shareholder-corporation relationship. For further details see Section

---

p. 733), of 22 Febr. 1989 (BStBl. II p. 475), and of 14 March 1989 (BStBl. II p. 633). Regarding the effect of constructive dividends on the apportionment of the available net equity see Sec. 80 of these regulations.

Corporation Granting the Benefit

(2) A constructive dividend can only occur if its recipient has a membership relationship or a relationthip similar to a membership to the distributing corporation. This may be the case in respect of corporations and cooperative societies (FTC decisions of 16 Dec. 1955, BStBl. 1956 III p. 43 and of 9 Febr. 1972, BStBl. II p. 361), mutual insurance companies (FTC decision of 14 July 1976, BStBl. II p. 731), real property organizations and associations (FTC decision of 23 Sept. 1970, BStBl. 1971 II p. 47), and business enterprises run by legal persons of public law (FTC decision of 29 May 1968, BStBl. II p. 692 and of 13 March 1974, BStBl. II p. 391). No membership relationship or a relationship similar thereto exists as between a foundation and its beneficiaries. See FTC decision of 22 Sept. 1959, BStBl. 1960 III p. 37. Regarding the application of § 8 (3), 2nd sentence CITA to associations other than corporations see FTC decision of 9 Aug. 1989, BStBl. 1990 II p. 337. A constructive dividend does therefore not require that it results in income from capital in the hands of other persons. The view is maintained however, that the resulting deminution of the corporation's wealth or the prevented increase of its wealth does ultimately have to result in a benefit to the person having influence on the association subject to the corporation income tax by way of membership or similar rights. What is decisive for a constructive dividend is its causation by the membership or similar to membership relationship. A constructive dividend may therefore also occur if the membership or similar to a membership relationship does not yet or does no longer exist at the time of the distribution (see FTC decision of 24 Jan. 1989, BStBl. II p. 419).

Definition of Constructive Dividend

(3) A constructive dividend within the meaning of § 8 (3), 2nd sentence CITA is a deminution of the corporation's wealth or a prevented increase of its wealth, respectively, caused by the shareholder relationship, having an impact on the amount of the corporation's income and not resulting from a resolution on a dividend distribution passed in conformity with corporate law. See FTC decisions of 22 Febr. 1989 (BStBl. II p. 475) and of 11 Oct. 1989 (BStBl. 1990 II p. 89). Causation by the shareholder relationship exists if an orderly and coscientious managing executive (§ 93 (1), 1st sentence Stock Corporation Act [69], § 43 (1) Limited Liability Company Act [70], § 34 (1) 1st sentence Cooperative Society Act[71]) would not have tolerated the wealth deminution or prevented wealth increase, respectively, in respect of a person not a shareholder under otherwise equal circumstances. See FTC decisions of 11 Febr. 1987 (BStBl. II p. 461), of 29 April 1987 (BStBl. II p. 733), of 10 June 1987 (BStBl. 1988 II p. 25), of 28 Oct. 1987 (BStBl. 1988 II p. 301), of 27 July 1988 (BStBl. 1989 II p. 57) and of 7 Dec. 1988 (BStBl. 1989 II p. 248). A constructive dividend may therefore occur in the following cases cited by way of examples:
1. A shareholder acts as a director and is paid an unreasonably high salary. See

Einzelheiten vgl. Abschnitt 36 a KStR[72]. Sind Vermögensvorteile, z. B.
weil sie nicht einlagefähig sind, nicht als verdeckte Einlage zu behandeln,
so ist ggf. eine Berichtigung nach § 1 AStG[73] durchzuführen.

---

ein unangemessen hohes Gehalt. Vgl. BFH-Urteil vom 28. 6. 1989 (BStBl. II
S. 854).

2. Eine Gesellschaft zahlt an einen Gesellschafter besondere Umsatzvergütun-
gen neben einem angemessenen Gehalt. Vgl. BFH-Urteil vom 28. 6. 1989 (BStBl.
II S 854).

3. Ein Gesellschafter erhält ein Darlehen von der Gesellschaft zinslos oder zu
einem außergewöhnlich geringen Zinssatz. Vgl. RFH-Urteile vom 28. 5. 1929
(RStBl. S. 389) und vom 8. 3. 1932 (RStBl. S. 441) sowie BFH-Urteile vom 25. 11.
1964 (BStBl. 1965 III S. 176) und vom 23. 6. 1981 (BStBl. 1982 II S. 245).

4. Ein Gesellschafter erhält von der Gesellschaft ein Darlehen, obwohl schon
bei der Darlehenshingabe mit der Uneinbringlichkeit gerechnet werden muß.
Vgl. RFH-Urteil vom 26. 3. 1935 (RStBl. S. 1064) und BFH-Urteil vom 16. 9. 1958
(BStBl. III S. 451).

5. Ein Gesellschafter gibt der Gesellschaft ein Darlehen zu einem außergewöhnlich hohen Zinssatz. Vgl. BFH-Urteile vom 28. 10. 1964 (BStBl. 1965 III
S. 119) und vom 25. 11. 1964 (BStBl. 1965 III S. 176).

6. Ein Gesellschafter liefert an die Gesellschaft oder erwirbt von der Gesellschaft waren und sonstige Wirtschaftsgüter zu ungewöhnlichen Preisen oder erhält besondere Preisnachlässe und Rabatte. Vgl. BFH-Urteile vom 12. 7. 1972
(BStBl. II S. 802), vom 21. 12. 1972 (BStBl. 1973 II S. 449), vom 16. 4. 1980 (BStBl.
1981 II S. 492) und vom 6. 8. 1985 (BStBl. 1986 II S. 17).

7. Ein Gesellschafter verkauft Aktien an die Gesellschaft zu einem höheren Preis
als dem Kurswert, oder die Gesellschaft verkauft Aktien an einen Gesellschafter
zu einem niedrigeren Preis als dem Kurswert. Vgl. BFH-Urteile vom 13. 9. 1967
(BStBl. 1968 II S. 20) und vom 14. 5. 1969 (BStBl. II S. 501).

8. Ein Gesellschafter vermietet an die Gesellschaft oder mietet von der Gesell-
schaft Gegenstände oder überläßt ihr Rechte oder nutzt gesellschaftseigene
Rechte zu einem unangemessenen Preis. Vgl. BFH-Urteile vom 16. 8. 1955
(BStBl. III S. 353) und vom 3. 2. 1971 (BStBl. II S. 408).

9. Eine Gesellschaft übernimmt eine Schuld oder sonstige Verpflichtung eines
Gesellschafters. Vgl. BFH-Urteile vom 19. 3. 1975 (BStBl. II S. 614) und 19. 5.
1982 (BStBl. II S. 631).

10. Eine Gesellschaft verzichtet auf Rechte, die ihr einem Gesellschafter gegenüber zustehen. Vgl. BFH-Urteile vom 3. 11. 1971 (BStBl. 1972 II S. 227), vom
13. 10. 1983 (BStBl. 1984 II S. 65) und vom 7. 12. 1988 (BStBl. 1989 II S. 248).

11. Ein Gesellschafter beteiligt sich an der Gesellschaft als stiller Gesellschafter und erhält dafür einen unangemessen hohen Gewinnanteil. Vgl. BFH-Urteil
vom 6. 2. 1980 (BStBl. II S. 477).

12. Die an einer Personengesellschaft beteiligte Kapitalgesellschaft stimmt
rückwirkend oder ohne rechtliche Verpflichtung einer Neuverteilung des Gewinns zu, die ihre Gewinnbeteiligung zugunsten ihres gleichfalls an der Personengesellschaft beteiligten Gesellschafters einschränkt. Vgl. BFH-Urteil vom
12. 6. 1980 (BStBl. II S. 723).

36 a Corporation Income Tax Regulations[72]. If transfer of benefits can not be treated as constructive contributions because they do not qualify as contributions or for other reasons, then adjustments based on § 1 "Aussensteuergesetz"[73] may be made depending on the circumstances.

FTC decision of 28 June 1989 (BStBl. II p. 854).

2. A corporation pays its shareholder a special bonus based on sales in addition to a reasonable salary. See FTC decision of 28 June 1989 (BStBl. II p. 854).

3. A corporation grants its shareholder a loan interest-free or at an exceptionally low interest rate. See RTC decision of 28 May 1929 (RStBl. p. 389) and of 8 March 1932 (RStBl. p. 441), and FTC decisions of 25 Nov. 1964 (BStBl. 1965 III p. 176), and of 23 June 1981 (BStBl. 1982 II p. 245).

4. A corporation grants its shareholder a loan at a time when it was obvious that the loan could not be recovered. See RTC decision of 26 March 1935 (RStBl. p. 1064) and FTC decision of 16 Sept. 1958 (BStBl. III p. 451).

5. A shareholder grants the corporation a loan at an exceptionally high interest rate. See FTC decision of 28 Oct. 1964 (BStBl. 1965 III p. 119), and of 25 Nov. 1964 (BStBl. 1965 III p. 176).

6. A shareholder sells goods to the corporation or obtains goods or other property from the corporation, respectively, at unusual prices or against special price reductions or discounts, respectively. See FTC dicisions of 12 July 1972 (BStBl. II p. 802), of 21 Dec. 1972 (BStBl. 1973 II p. 449), of 16 April 1980 (BStBl. 1981 II p. 492), and of 6 Aug. 1985 (BStBl. 1987 II p. 17).

7. A shareholder sells shares to the corporation at a price exceeding the quoted price, or the corporation sells shares to a shareholder at a price lower than the quoted price. See FTC decisions of 13 Sept. 1967 (BStBl. 1968 II p. 20), and of 14 May 1969 (BStBl. II p. 501).

8. A shareholder rents to the corporation or rents from the corporation assets or makes the use of rights available to the corporation or makes himself use of rights of the corporation, respectively, at an unreasonable price. See FTC decisions of 16 Aug. 1955 (BStBl. III p. 353) and of 3 Feb. 1971 (BStBl. II p. 408).

9. A corporation assumes a debt or another obligation of the shareholder. See FTC decisions of 19 March 1975 (BStBl. II p. 614) and of 19 May 1982 (BStBl. II p. 631).

10. A corporation waives rights it enjoys vis-à-vis a shareholder. See FTC decisions of 3 Nov. 1971 (BStBl. 1972 II p. 227), of 13 Oct. 1983 (BStBl. 1984 II p. 65), and of 7 Dec. 1988 (BStBl. 1988 II p. 248).

11. A shareholder joins the corporation as a silent partner and is granted an inadequately high profit share in return. See FTC decision of 6 Feb. 1980 (BStBl. II p. 477).

12. In a partnership where a corporation and a shareholder of the corporation are partners, the corporation agrees to a retroactive or legally not required change of the profit allocation to the benefit of its shareholder and its own detriment. See FTC decision of 12 June 1980 (BStBl. II p. 723).

1.3.2. Berichtigung von Einkünften im Sinne des § 1 AStG

1.3.2.1. Eine Berichtigung ist in allen Fällen der Einkunftsminderung möglich, wenn eine Geschäftsbeziehung zum Ausland besteht und die an ihr Beteiligten

Eine verdeckte Gewinnausschüttung liegt dementsprechend nicht vor, wenn die Kapitalgesellschaft bei Anwendung der Sorgfalt eines ordentlichen und gewissenhaften Geschäftsleiters die Vermögensminderung oder verhinderte Vermögensmehrung unter sonst gleichen Umständen auch gegenüber einem Nichtgesellschafter hingenommen hätte. Dies kann der Fall sein, wenn zwischen Gesellschaft und Gesellschafter ein angemessenes Entgelt in anderer Weise vereinbart worden ist. Wegen der Voraussetzungen für die Anerkennung eines derartigen Vorteilsausgleichs vgl. BFH-Urteile vom 8. 6. 1977 (BStBl. II S. 704), vom 1. 8. 1984 (BStBl. 1985 II S. 18) und vom 8. 11. 1989 (BStBl. 1990 II S. 244). Während ein ordentlicher und gewissenhafter Geschäftsleiter einer Kapitalgesellschaft dafür Sorge tragen muß, daß der Kapitalgesellschaft ein angemessener Gewinn verbleibt, reicht es bei Genossenschaften aus, daß nach dem Kostendeckungsprinzip gewirtschaftet wird.

(4) Das Verhalten eines ordentlichen und gewissenhaften Geschäftsleiters kann allerdings dann nicht Maßstab sein, wenn ein Rechtsgeschäft zu beurteilen ist, das nur mit Gesellschaftern abgeschlossen werden kann. Bei Rechtsverhältnissen, die im Rahmen der Erstausstattung einer Kapitalgesellschaft zustandegekommen sind, liegt eine verdeckte Gewinnausschüttung schon dann vor, wenn die Gestaltung darauf abstellt, den Gewinn der Kapitalgesellschaft nicht über eine angemessene Verzinsung des eingezahlten Nennkapitals und eine Vergütung für das Risiko des nicht eingezahlten Nennkapitals hinaus zu steigern. Vgl. BFH-Urteile vom 5. 10. 1977 (BStBl. 1978 II S. 234) und vom 23. 5. 1984 (BStBl. II S. 673). Handelsrechtlich unzulässige Leistungen einer Kapitalgesellschaft an ihre Gesellschafter sind verdeckte Gewinnausschüttungen. Vgl. BFH-Urteil vom 17 10. 1984 (BStBl. 1985 II S. 69).

Fehlende Vereinbarung und Rückwirkungsverbot
(5) Im Verhältnis zwischen Gesellschaft und beherrschendem Gesellschafter ist eine Veranlassung durch das Gesellschaftsverhältnis auch dann anzunehmen, wenn es an einer klaren und im voraus abgeschlossenen Vereinbarung darüber fehlt, ob und in welcher Höhe ein Entgelt für eine Leistung des Gesellschafters zu zahlen ist, oder wenn nicht einer klaren Vereinbarung entsprechend verfahren wird, z. B. in Fällen der Mitarbeit oder der Nutzungsüberlassung (Miete, Pacht oder Darlehen). Vgl. BFH-Urteile vom 28. 10. 1987 (BStBl. 1988 II S. 301), vom 22. 2. 1989 (BStBl. II S. 475), vom 14. 3. 1989 (BStBl. II S. 633) und vom 12. 4. 1989 (BStBl. II S. 636). Das gilt auch für die Anerkennung eines Vorteilsausgleichs entsprechend Absatz 3 Sätze 6 bis 8 (BFH-Urteil vom 7. 12. 1988, BStBl. 1989 II S. 248). Der beherrschende Gesellschafter muß im voraus klar und eindeutig vereinbaren, ob er für eine Leistung an seine Gesellschaft einen gesellschaftsrechtlichen oder einen schuldrechtlichen Ausgleich sucht. Er hat den Nachweis zu erbringen, daß eine klare und eindeutige Vereinbarung vorliegt und entsprechend dieser Vereinbarung verfahren worden ist. Wegen der Form der Vereinbarung vgl. BFH-Urteil vom 24. 1. 1990 (BStBl. II S. 645). Ohne eine derartige Vereinbarung kann eine Gegenleistung nicht als schuldrechtlich begründet an-

1.3.2. Adjustment of Income within the meaning of § 1 "Aussensteuergesetz"

1.3.2.1. An adjustment may be made whenever income is reduced where a business relationship extending to a foreign country exists and if the parties to the transaction are related

---

It follows that a constructive dividend does not occur if the corporation in employing the care of an orderly and conscientious manager would have accepted its deminution of wealth or prevented wealth increase, respectively, in respect of a non-shareholder as well given otherwise equal circumstances. This may be the case if the corporation and its shareholder have agreed on an adequate consideration in a different manner. As to the prerequisites for the recognition of such a set-off see FTC decisions of 8 June 1977 (BStBl. II p. 704), of 1 Aug. 1984 (BStBl. 1985 II p. 18) and of 8 Nov. 1989 (BStBl. 1990 II p. 244). While an orderly and conscientious manager of a corporation has to look to it that the corporation is left with an adequate profit, it shall be sufficient in the case of a cooperative society to operate under the principle of cost coverage.

(4) The conduct of an orderly and conscientious manager may, however, not serve as a yardstick in cases where transactions are involved which can only be made with shareholders. A constructive dividend occurs merely by virtue of the fact that the initial capitalisation of a corporation employs means which have as their effect not to increase the profits of the corporation beyond an adequate return on the capital invested and a compensation for the risk of the outstanding contributions. See FTC decisions of 5 Oct. 1977 (BStBl. 1978 II p. 234) and of 23 May 1984 (BStBl. II p. 673). Performances by a corporation in favour of its shareholders which are unlawful under commercial law constitute constructive dividends. See FTC decision of 17 Oct. 1984 (BStBl. 1985 II p. 69).

Absence of Contract and Bar on Retroactivity

(5) Causation by the shareholder relationship shall also be deemed to exist as between the corporation and its controlling shareholder in the absence of a clear contractual understanding reached prior to the transaction and setting forth whether and at what amount a remuneration shall become payable for services to be rendered by the shareholder or if the parties fail to perform in accordance with an existing clear contract, for instance in cases of personal services or transfers of rights to use (leases or loans). See FTC decisions of 28 Oct. 1987 (BStBl. 1988 II p. 301), of 22 Feb. 1989 (BStBl. II p. 475), of 14 March 1989 (BStBl. II p. 633), and of 12 April 1989 (BStBl. II p. 636). This shall also apply to the recognition of a set-off in accordance with subsec. (3), 6th to 8th sentences (FTC decision of 7 Dec. 1988, BStBl. 1989 II p. 248). The controlling shareholder must reach a prior clear and unequivocal agreement on whether his services shall be compensated on the corporate level or contractually. He has to furnish proof that there is such a clear and unequivocal understanding and that it had been adhered to. As regards the form of such an understanding see FTC decision of 24 Jan. 1990 (BStBl. II p. 645). Absent such an understanding a consideration received by the shareholder cannot be recognized as a contractual one. This shall apply even in

115

– durch wesentliche Beteiligung (Tz. 1.3.2.2.),
– durch beherrschenden Einfluß (Tz. 1.3.2.4.),

gesehen werden. Das gilt selbst dann, wenn ein Vergütungsanspruch aufgrund gesetzlicher Regelungen bestehen sollte, wie z. B. bei einer Arbeitsleistung (§ 612 Abs. 2 BGB) oder einer Darlehensgewährung nach Handelsrecht (§§ 352, 354 HGB). Vgl. BFH-Urteil vom 2. 3. 1988 (BStBl. II S. 590). Rückwirkende Vereinbarungen zwischen der Gesellschaft und dem beherrschenden Gesellschafter sind steuerrechtlich unbeachtlich. Vgl. BFH-Urteile vom 23. 9. 1970 (BStBl. 1971 II S. 64), vom 3. 4. 1974 (BStBl. II S. 497) und vom 21. 7. 1976 (BStBl. II S. 734). Wegen der Rückstellungen für Pensionszusagen an beherrschende Gesellschafter-Geschäftsführer von Kapitalgesellschaften vgl. Abschnitt 36.

Beherrschender Gesellschafter

(6) Ein Gesellschafter beherrscht eine Kapitalgesellschaft, wenn er den Abschluß des zu beurteilenden Rechtsgeschäfts erzwingen kann. Das ist der Fall, wenn er aufgrund der ihm aus seiner Gesellschafterstellung herrührenden Stimmrechte den entscheidenden Beschluß durchsetzen kann. Dabei kommt der Vorschrift des § 47 Abs. 4 GmbH-Gesetz über einen Stimmrechtsausschluß des Gesellschafters bei Rechtsgeschäften zwischen ihm und der Gesellschaft keine Bedeutung zu (vgl. BFH-Urteil vom 26. 1. 1989, BStBl. II S. 455). Eine beherrschende Stellung erfordert deshalb grundsätzlich die Mehrheit der Stimmrechte. Andererseits reicht eine Beteiligung von 50 v. H. oder weniger aus, wenn besondere Umstände hinzutreten, die eine Beherrschung der Gesellschaft begründen. Vgl. BFH-Urteile vom 8. 1. 1969 (BStBl. II S. 347), vom 21. 7. 1976 (BStBl. II S. 734) und vom 23. 10. 1985 (BStBl. 1986 II S. 195). Es genügt, wenn mehrere Gesellschafter einer Kapitalgesellschaft mit gleichgerichteten Interessen zusammenwirken, um eine ihren Interessen entsprechende einheitliche Willensbildung herbeizuführen. Vgl. BFH-Urteil vom 26. 7. 1978 (BStBl. II S. 659). Die beherrschende Stellung muß im Zeitpunkt der Vereinbarung oder des Vollzugs der Vermögensminderung oder verhinderten Vermögensmehrung vorliegen. Die Tatsache, daß die Gesellschafter nahe Angehörige sind, reicht allein nicht aus, um gleichgerichtete Interessen anzunehmen; vielmehr müssen weitere Anhaltspunkte hinzutreten. Vgl. BVerfG-Beschluß vom 12. 3. 1985 (BStBl. II S. 475).

Nahestehende Person

(7) Eine verdeckte Gewinnausschüttung ist auch dann anzunehmen, wenn die Vorteilsziehung nicht unmittelbar durch den Gesellschafter, sondern durch eine ihm nahestehende Person erfolgt, vorausgesetzt, daß ein Vorteil für den Gesellschafter selbst damit verbunden ist. Vgl. BFH-Urteile vom 27. 1. 1972 (BStBl. II S. 320) und vom 22. 2. 1989 (BStBl. II S. 631). Die Beziehungen zwischen dem Gesellschafter und einem Dritten, die die Annahme einer verdeckten Gewinnausschüttung an den Gesellschafter rechtfertigen, können schuldrechtlicher, gesellschaftsrechtlicher oder tatsächlicher Art sein. Zum Kreis der dem Gesellschafter nahestehenden Personen zählen sowohl natürliche als auch juristische Personen, unter Umständen auch Personenhandelsgesellschaften. Vgl. BFH-Urteile vom 6. 12. 1987 (BStBl. 1968 II S. 322), vom 23. 10. 1985 (BStBl. 1986 II S. 195) und vom 1. 10. 1986 (BStBl. 1987 II S. 459). Der Vorteil des Gesellschafters kann darin bestehen, daß durch die Vorteilsziehung des Dritten eine Verpflichtung des Gesellschafters gegenüber dem Dritten erfüllt wird oder eine freiwillige Leistung des Gesellschafters an den Dritten erbracht wird oder die Leistung der

– by way of a major shareholding (Cl. 1.3.2.2.),
– by way of dominant control (Cl. 1.3.2.4.),

cases where a right to receive a remuneration exists by law, such as for personal services rendered as an employee (§ 612 (2) Civil Code) or for loans granted under commercial law (§§ 352, 354 Commercial Code). See FTC decision of 2 March 1988 (BStBl. II p. 590). Retroactive agreements between the corporation and its controlling shareholder shall be disregarded tax-wise. See FTC decisions of 23 Sept. 1970 (BStBl. 1971 II p. 64), of 3 April 1974 (BStBl. II p. 497), and of 21 July 1976 (BStBl. II p. 734). See Section 36 concerning reserves for pension grants to a controlling shareholder/manager of a corporation.

Controlling Shareholder

(6) A shareholder controls a corporation if he can force the corporation to enter into the transaction under review. This is the case if he can make the decisive shareholders' resolution pass by virtue of his voting power as a shareholder. In this connection the provision of § 47 (4) Limited Liability Company Act denying a shareholder the right to vote on transactions between himself and the corporation is of no relevance (see FTC decision of 26 Jan. 1989, BStBl. II p. 455). Control therefore normally requires the majority of the voting rights. However, a participation of 50 per cent or less is sufficient if there are specific circumstances resulting in a control of the corporation. See FTC decisions of 8 Jan. 1969 (BStBl. II p. 347), of 21 July 1976 (BStBl. II p. 734), and of 23 Oct. 1985 (BStBl. 1986 II p. 195). It would suffice if several shareholders having uniform interests cooperate in achieving the consensus serving their common interests. See FTC decision of 26 July 1978 (BStBl. II p. 659). The controlling position must exist at the time of the agreement or of the effectuation of the wealth deminution or of the prevented wealth increase, respectively. The fact that the shareholders are close relatives does not by itself suffice to assume common interests; there must be additional factual indications to this effect. See Federal Constitutional Court decision of 12 March 1985 (BStBl. II p. 475).

Related Person

(7) A constructive dividend shall also be assumed if the benefit is derived by a person related with a shareholder, rather than by the shareholder himself, provided that a benefit to the shareholder remains. See FTC decisions of 27 Jan. 1972 (BStBl. II p. 320) and of 22 Feb. 1989 (BStBl. II p. 631). The relationship between the shareholder and such third person justifying the assumption of a constructive dividend may be contractual, factual or based on corporate or partnership law. Natural as well as legal persons and if the circumstances so indicate also partnerships may qualify as related persons. See FTC decisions of 6 Dec. 1967 (BStBl. 1968 II p. 322), of 23 Oct. 1985 (BStBl. 1986 II p. 195) and of 1 Oct. 1986 (BStBl. 1987 II p. 459). The benefit to the shareholder may be in the form of fulfilling an obligation of the shareholder owing to the third person by the benefit drawn by the latter, or of rendering a voluntary service to the third person, or of otherwise becoming the economic beneficiary of the transfer of benefits by the corporation to the third person. In the case of persons related with the controlling shareholder any agreement on the amount of the consideration for services rendered

– durch besondere Einflußmöglichkeiten (Tz. 1.3.2.6.) oder
– durch Interessenidentität (Tz. 1.3.2.7.)

Kapitalgesellschaft an den Dritten aus anderen Gründen wirtschaftlich dem Gesellschafter zugute kommt. Auch bei dem beherrschenden Gesellschafter nahestehenden Personen bedarf eine Vereinbarung über die Höhe eines Entgelts für eine Leistung der vorherigen und eindeutigen Regelung. Vgl. BFH-Urteile vom 29. 4. 1987 (BStBl. II S. 797), vom 2. 3. 1988 (BStBl. II S. 786) und vom 22. 2. 1989 (BStBl. II S. 631). Zur Beurteilung von verdeckten Gewinnausschüttungen zwischen Schwestergesellschaften vgl. Beschluß des Großen Senats des BFH vom 26. 10. 1987 (BStBl. 1988 II S. 348).

Wettbewerbsverbot
(8) Eine verdeckte Gewinnausschüttung kommt auch in Betracht, wenn sich die Gesellschaft und der beherrschende Gesellschafter gewerblich oder beruflich gleichartig betätigen, ohne daß vertragliche Vereinbarungen über eine klare und eindeutige Aufgabenabgrenzung beider Unternehmen bestehen. Insbesondere die Befreiung vom Wettbewerbsverbot bedarf einer im voraus abgeschlossenen Vereinbarung. Vgl. BFH-Urteile vom 11. 2. 1981 (BStBl. II S. 448), vom 9. 2. 1983 (BStBl. II S. 487), vom 11. 2. 1987 (BStBl. II S. 461) und vom 26. 4. 1989 (BStBl. II S. 673).

Rückgewähr einer verdeckten Gewinnausschüttung
(9) Eine verdeckte Gewinnausschüttung kann durch Rückgewähransprüche, die auf Steuer- oder Satzungsklauseln beruhen, nicht rückgängig gemacht werden. Derartige Klauseln haben ihre Grundlage regelmäßig im Gesllschaftsverhältnis, so daß ein Anspruch auf Rückforderung einer verdeckten Gewinnausschüttung den Charakter einer Einlageforderung trägt und die tatsächliche Rückzahlung als Einlage zu werten ist. Vgl. BFH-Urteile vom 23. 5. 1984 (BStBl. I S. 723), vom 30. 1. 1985 (BStBl. II S. 345), vom 29. 4. 1987 (BStBl. II S. 733), vom 22. 2. 1989 (BStBl. II S. 475) und vom 13. 9. 1989 (BStBl. II S. 741). Das gilt auch, wenn ein Rückforderungsanspruch auf einer gesetzlichen Bestimmung beruht. Vgl. BFH-Urteil vom 14. 3. 1989 (BStBl. II S. 1029). Ausnahmsweise kann die verdeckte Gewinnausschüttung bis zur Aufstellung der Schlußbilanz mit Wirkung für die Vergangenheit beseitigt werden. Vgl. BMF-Schreiben vom 6. 8. 1981 (BStBl. I S. 599) und die entsprechenden Erlasse der obersten Finanzbehörden der Länder. Wegen der Auswirkungen auf die Gliederung des verwendbaren Eigenkapitals vgl. Abschnitt 77 Abs. 8.

Wert der verdeckten Gewinnausschüttung
(10) Die verdeckte Gewinnausschüttung ist bei Hingabe von Wirtschaftsgütern mit dem gemeinen Wert (BFH-Urteile vom 18. 10. 1967, BStBl. 1968 II S. 105, und vom 27. 11. 1974, BStBl. 1975 II S. 306), und bei Nutzungsüberlassungen mit der erzielbaren Vergütung (BFH-Urteile vom 27. 11. 1974, BStBl. 1975 II S. 306, und vom 6. 4. 1977, BStBl. II S. 569) anzusetzen. Löst eine verdeckte Gewinnausschüttung Umsatzsteuer auf den Eigenverbrauch nach § 1 Abs. 1 Nr. 2 UStG aus, ist die Umsatzsteuer bei der Gewinnermittlung nicht zusätzlich nach § 10 Nr. 2 KStG hinzuzurechnen.

69 **§ 93 Aktiengesetz**
Sorgfaltspflicht und Verantwortlichkeit der Vorstandsmitglieder
(1) Die Vorstandsmitglieder haben bei ihrer Geschäftsführung die Sorgfalt eines ordentlichen und gewissenhaften Geschäftsleiters anzuwenden . . .
(2)–(6)

– by way of special means of influence (Cl. 1.3.2.6.), or
– by way of identity of interests (Cl. 1.3.2.7.).

shall require an unequivocal contract made beforehand. See FTC decisions of
28 April 1987 (BStBl. II p. 797), of 2 March 1988 (BStBl. II p. 786), and of 22 Febr.
1989 (BStBl. II p. 631). Regarding constructive dividends between sister companies see the decision of the Joint Senates of the FTC of 26 Oct. 1967 (BStBl. 1988
II p. 348).

Non-Competition
(8) A constructive dividend can also occur if the corporation and its controlling
shareholder are engaged in the same business or professional activities and if
they fail to reach a contractual understanding on a clear and unequivocal division of their respective functions. The release of the shareholder from his obligation not to compete shall require a contractual understanding reached beforehand. See FTC decisions of 11 Febr. 1981 (BStBl. II p. 448), of 9 Febr. 1983 (BStBl. II
p. 487), of 11 Febr. 1987 (BStBl. II p. 461), and of 26 April 1989 (BStBl. p. 673).

Reversal of Constructive Dividends
(9) Constructive dividends cannot be reversed by way of claims for restitution
based on tax clauses or provisions in the Articles of Incorporation. Clauses of
this kind are normally of a corporate nature so that a claim for refunding a constructive dividend is equal to a claim for capital to a contributions and therefore
the refund made is equal to a contribution. See FTC decisions of 23 May 1985
(BStBl. II p. 723), of 30 Jan. 1985 (BStBl. II p. 345), of 29 April 1987 (BStBl. II p. 733),
of 22 Feb. 1989 (BStBl. II p. 475), and of 13 Sept. 1989 (BStBl. II p. 741). This shall
also apply if a refund claim is based on law. See FTC decision of 14 March 1989
(BStBl. II p. 1029). By way of exception a constructive dividend can be reversed
with retroactive effect until the final statement of accounts has been drawn up.
See Federal Ministry of Finance letter of 6 Aug. 1981 (BStBl. I p. 599) and the corresponding rulings of the Länder [States]. Regarding the effects on allocating the
available net equity to ascertain the tax burden, reference is made to Section 77
(8) hereof.

Value of the Constructive Dividend
(10) The basis (value) of a constructive dividend shall be equal to the fair market
value of the goods transferred (FTC decidions of 18 Oct. 1967, BStBl. 1968 II p. 105,
and of 27 Nov. 1974, BStBl. 1975 II p. 306), or of the yields which can be realized in
the case of transfers for use (FTC decisions of 27 Nov. 1974, BStBl. 1975 II p. 306,
and of 6 April 1977, BStBl. II p. 569). If a constructive dividend results in vaule added tax on private use under § 1 (1) No. 2 VAT-Law, this value added tax shall not
again be added when ascertaining taxable income under § 10 No. 2 CITA [relating
to non-deductable expenses].

69 **§ 93 Stock Corporation Act**
Duty of Care and Liability of Members of the Board
(1) In managing the company, the members of the board shall act with the care
of an orderly and conscientious executive ...
(2)–(6).

verflochten sind. Nach § 1 AStG sind ggf. auch Geschäftsbeziehungen zu beurteilen, die Personengesellschaften, Gemeinschaften und ähnliche Gebilde als solche zu nahestehenden Kapitalgesellschaften unterhalten.

70 **§ 43 Gesetz betreffend die Gesellschaften mit beschränkter Haftung**
(1) Die Geschäftsführer haben in den Angelegenheiten der Gesellschaft die Sorgfalt eines ordentlichen Geschäftsmannes anzuwenden.
(2)–(4)

71 **§ 34 Genossenschaftsgesetz**
(1) Die Vorstandsmitglieder haben bei ihrer Geschäftsführung die Sorgfalt eines ordentlichen und gewissenhaften Geschäftsleiters einer Genossenschaft anzuwenden.
(2)–(6)

72 **Körperschaftsteuer-Richtlinien**
Abschnitt 36 a. Verdeckte Einlage
(1) Eine verdeckte Einlage liegt vor, wenn ein Gesellschafter oder eine ihm nahestehende Person der Kapitalgesellschaft einen einlagefähigen Vermögensvorteil zuwendet und diese Zuwendung durch das Gesellschaftsverhältnis veranlaßt ist. Der Vermögensvorteil kann in einer Vermehrung von Aktiven oder einer Verminderung von Schulden bestehen. Die Veranlassung durch das Gesellschaftsverhältnis ist gegeben, wenn ein Nichtgesellschafter bei Anwendung der Sorgfalt eines ordentlichen Kaufmanns den Vermögensvorteil der Gesellschaft nicht eingeräumt hätte. Vgl. BFH-Urteile vom 28. 2. 1956 (BStBl. III S. 154), vom 19. 2. 1970 (BStBl. II S. 442), vom 14. 8. 1974 (BStBl. 1975 II S. 123), vom 26. 11. 1980 (BStBl. 1981 II S. 181), vom 9. 3. 1983 (BStBl. II S. 744), vom 11. 4. 1984 (BStBl. II S. 535), vom 14. 11. 1984 (BStBl. 1985 II S. 227), vom 24. 3. 1987 (BStBl. II S. 705) und Beschluß des Großen Senats des BFH vom 26. 10. 1987 (BStBl. 1988 II S. 348). Auch ein nicht entgeltlich erworbener Firmenwert kann Gegenstand einer verdeckten Einlage sein (BFH-Urteil vom 24. 3. 1987, BStBl. II S. 705).
(2) Die Überlassung eines Wirtschaftsguts zum Gebrauch oder zur Nutzung kann nicht Gegenstand einer Einlage sein. Vgl. BFH-Urteile vom 8. 11. 1960 (BStBl. III S. 513), vom 9. 3. 1962 (BStBl. III S. 338), vom 3. 2. 1971 (BStBl. II S. 408), vom 29. 1. 1975 (BStBl. II S. 553), vom 24. 5. 1984 (BStBl. II S. 747) und Beschluß des Großen Senats des BFH vom 26. 10. 1987 (BStBl. 1988 II S. 348). Der Vorteil der zinslosen oder zinsverbilligten Darlehensgewährung an eine Kapitalgesellschaft durch ihren Gesellschafter stellt deshalb keine verdeckte Einlage dar. Das gilt auch, wenn der Gesellschafter ein verzinsliches Darlehen aufnimmt, um der Kapitalgesellschaft ein zinsloses Darlehen zu gewähren (Beschluß des Großen Senats des BFH vom 26. 10. 1987). Eine verdeckte Einlage liegt jedoch vor, wenn der Gesellschafter gegenüber der Kapitalgesellschaft auf Zinsen verzichtet, die in einer auf den Zeitpunkt des Verzichts zu erstellenden Bilanz der Kapitalgesellschaft als Verbindlichkeiten eingestellt werden müßten (BFH-Urteil vom 24. 5. 1984, BStBl. II S. 747). Sätze 3 bis 5 sind entsprechend anzuwenden, wenn der Gesellschafter der Kapitalgesellschaft unentgeltlich oder zu einem zu niedrigen Entgelt Wirtschaftsgüter zur Nutzung überläßt oder andere Leistungen erbringt. BFH-Urteil vom 14. 3. 1989 (BStBl. II S. 633).

73 Siehe Seite 36.

Depending on the circumstances § 1 "Aussensteuergesetz" may also be applied to transactions between partnerships, associations and similar entities as such on the one hand, and related corporations on the other.

70 **§ 43 Limited Liability Company Act**
(1) In matters concerning the company the managers shall observe the care of an orderly businessman.
(2)–(4).

71 **§ 34 Cooperative Society Act**
(1) In managing the cooperative society, the members of the board shall act with the care of an orderly and conscientious executive of a cooperative society...
(2)–(6).

72 **Corporation Income Tax Regulations**
Section 26 a. Constructive Contribution
(1) A constructive contribution occurs if a shareholder or a person related to a shareholder transfers to a corporation a benefit (property) qualifying as a contribution and if such transfer is the result of the shareholder-corporation relationship. The benefit can be in the form of an increase of the corporation's assets or a reduction of its liabilities. Causation by the shareholder-corporation relationship shall be deemed to exist if a non-shareholder applying the care of an orderly merchant would not have granted this benefit to the corporation. See FTC decisions of 28 Feb. 1956 (BStBl. III p. 154), of 19 Feb. 1970 (BStBl. II p. 442), of 14 Aug. 1974 (BStBl. 1975 II p. 123), of 26 Nov. 1980 (BStBl. 1981 II p. 181), of 9 March 1983 (BStBl. II p. 744), of 11 April 1984 (BStBl. II p. 535), of 14 Nov. 1984 (BStBl. 1985 II p. 227), of 24 March 1987 (BStBl. II p. 705), and decision of the Joint Senates of the FTC of 26 Oct. 1987 (BStBl. 1988 II p. 348). A goodwill acquired at no cost can also be the subject of a constructive contribution (FTC decision of 24 March 1987, BStBl. II p. 705).
(2) The granting of the permission to use or exploit an asset does not qualify as a contribution. See FTC decisions fo 8 Nov. 1960 (BStBl. III p. 513), of 9 March 1962 (BStBl. III p. 338), of 3 Feb. 1971 (BStBl. II p. 408), of 29 Jan. 1975 (BStBl. II p. 553), of 24 May 1984 (BStBl. II p. 747), and decision of the Joint Senates of the FTC of 26 Oct. 1987 (BStBl. 1988 II p. 348). The benefit of an interest-free or low-interest loan granted to a corporation by its shareholder does therefore not constitute a constructive contribution. This shall also apply if the shareholder himself incurs an interest-bearing loan in order to grant its corporation an interest-free loan (decision of the Joint Senates of the FTC of 26 Oct. 1987). A constructive contribution does, however, occur if the shareholder waives interst owed to him by the corporation which interest should have been shown as a liability in a financial statement of the corporation drawn up at the time of the waiver (FTC decision of 24 May 1984, BStBl. II p. 747). The 3rd to 5th sentences above shall apply correspondingly if the shareholder permits the corporation to use assets or if he renders other services to the corporation free of charge or at a reduced consideration. See FTC decision of 14 March 1989 (BStBl. II p. 633).

73 See page 37.

1.3.2.2. Die Verflechtung durch wesentliche Beteiligung ist nicht nur durch Beteiligung an Kapitalgesellschaften, sondern auch über eine Beteiligung an Personengesellschaften und durch eine Beteiligung an einem Einzelunternehmen möglich. Sie kann auch in einer stillen Beteiligung oder in einem beteiligungsähnlichen Darlehen bestehen.

1.3.2.3. Bei der mittelbaren Beteiligung einer Person an einer Gesellschaft sind für die Berechnung des Beteiligungsumfangs die Beteiligungen, die eine vermittelnde Gesellschaft hält, in dem Verhältnis zu berücksichtigen, das der mittelbaren oder unmittelbaren Beteiligung der Person an der vermittelnden Gesellschaft zur Gesamtheit der Beteiligungen an dieser vermittelnden Gesellschaft entspricht.

1.3.2.4. Die Verflechtung durch beherrschenden Einfluß kann auf rechtlicher oder tatsächlicher Grundlage oder dem Zusammenwirken beider beruhen. Unter beherrschendem Einfluß anderer können auch natürliche Personen stehen. Die Verflechtung wird bereits durch die Möglichkeit begründet, einen beherrschenden Einfluß auszuüben.

1.3.2.5. Die Verflechtung durch beherrschenden Einfluß kann insbesondere beruhen auf

1. beteiligungsähnlichen Rechten;
2. Unternehmensverträgen im Sinne der §§ 291[74] und 292[75] AktG, der

---

74 **§ 291 Aktiengesetz**
Beherrschungsvertrag, Gewinnabführungsvertrag
(1) Unternehmensverträge sind Verträge, durch die eine Aktiengesellschaft oder Kommanditgesellschaft auf Aktien die Leitung ihrer Gesellschaft einem anderen Unternehmen unterstellt (Beherrschungsvertrag) oder sich verpflichtet, ihren ganzen Gewinn an ein anderes Unternehmen abzuführen (Gewinnabführungsvertrag). Als Vertrag über die Abführung des ganzen Gewinns gilt auch ein Vertrag, durch den eine Aktiengesellschaft oder Kommanditgesellschaft auf Aktien es übernimmt, ihr Unternehmen für Rechnung eines anderen Unternehmens zu führen.
(2) Stellen sich Unternehmen, die voneinander nicht abhängig sind, durch Vertrag unter einheitliche Leitung, ohne daß dadurch eines von ihnen von einem anderen vertragschließenden Unternehmen abhängig wird, so ist dieser Vertrag kein Beherrschungsvertrag.
(3) Leistungen der Gesellschaft auf Grund eines Beherrschungs- oder eines Gewinnabführungsvertrags gelten nicht als Verstoß gegen die §§ 57, 58 und 60.

75 **§ 292 Aktiengesetz**
Andere Unternehmensverträge
(1) Unternehmensverträge sind ferner Verträge, durch die eine Aktiengesellschaft oder Kommanditgesellschaft auf Aktien
1. sich verpflichtet, ihren Gewinn oder den Gewinn einzelner ihrer Betriebe ganz oder zum Teil mit dem Gewinn anderer Unternehmen oder einzelner Be-

1.3.2.2. A relationship established by way of a major shareholding may exist not only by (directly) holding shares of a corporation but also indirectly via a partnership interest in a partnership or by owning an interest in a sole proprietorship. A silent partnership interst or a loan arrangement similar to a capital interst may also qualify.

1.3.2.3. In the case of an indirect participation, the percentage interest which a person owns in a company shall be calculated by taking into account the same proportion of the shares held by an intermediate company as the indirect or direct participation of that person in the intermediate company bears to all the participations in such intermediate company.

1.3.2.4. A relationship established by way of dominant control can be based on law or on facts or on both jointly. Physical persons can also be subject to dominant control of others. The mere possibility of exerting dominant control shall suffice.

1.3.2.5. A relationship established by way of dominant control may in particular result from

1. rights similar to shares or participations;
2. enterprise agreements within the meaning of §§ 291[74] and 292[75] Stock

---

74 **§ 291 Stock Corporation Act**
   Control Agreement, Agreement to Transfer Profit
   (1) Enterprise agreements are agreements whereby a stock corporation or partnership limited by shares submits the company to management by another enterprise (control agreement) or undertakes to transfer all of its profit to another enterprise (agreement to transfer profit). An agreement whereby a stock corporation or a partnership limited by shares undertakes to conduct its business for the account of another enterprise shall also be deemed to be an agreement to transfer all of the profit.

   (2) Where independet enterprises by aggreement submit to a central management in such a manner that none of them becomes dependent on another contracting enterprise, such agreement shall not be deemed to be a control agreement.

   (3) Payments made by a company pursuant to a control agreement or an agreement to transfer profit shall not be deemed to violate §§ 57, 58 and 60.

75 **§ 292 Stock Corporation Act**
   Other Enterprise Agreements
   (1) Agreements shall also be considered enterprise agreements if, pursuant thereto, a stock corporation or a partnership limited by shares does any of the following:
   1. undertakes to pool its profit or the profit of some of its plants, in whole or in part, with the profit of other enterprises or some of the plants of other enter-

Eingliederung im Sinne des § 319 AktG[76], der Zusammenfassung mehrerer Unternehmen unter einheitlicher Leitung im Sinne des § 18 AktG[77], wechselseitigen Beteiligungen im Sinne des § 19 AktG;[78]

triebe anderer Unternehmen zur Aufteilung eines gemeinschaftlichen Gewinns zusammenzulegen (Gewinngemeinschaft),

2. sich verpflichtet, einen Teil ihres Gewinns oder den Gewinn einzelner ihrer Betriebe ganz oder zum Teil an einen anderen abzuführen (Teilgewinnabführungsvertrag),

3. den Betrieb ihres Unternehmens einem anderen verpachtet oder sonst überläßt (Betriebspachtvertrag, Betriebsüberlassungsvertrag).

(2) Ein Vertrag über eine Gewinnbeteiligung mit Mitgliedern von Vorstand und Aufsichtsrat oder mit einzelnen Arbeitnehmern der Gesellschaft sowie eine Abrede über eine Gewinnbeteiligung im Rahmen von Verträgen des laufenden Geschäftsverkehrs oder Lizenzverträgen ist kein Teilgewinnabführungsvertrag.

(3) Ein Betriebspacht- oder Betriebsüberlassungsvertrag und der Beschluß, durch den die Hauptversammlung dem Vertrag zugestimmt hat, sind nicht deshalb nichtig, weil der Vertrag gegen die §§ 57, 58 und 60 verstößt. Satz 1 schließt die Anfechtung des Beschlusses wegen dieses Verstoßes nicht aus.

76 **§ 319 Aktiengesetz**
Eingliederung

(1) Die Hauptversammlung einer Aktiengesellschaft kann die Eingliederung der Gesellschaft in eine andere Aktiengesellschaft mit Sitz im Inland (Hauptgesellschaft) beschließen, wenn sich alle Aktien der Gesellschaft in der Hand der zukünftigen Hauptgesellschaft befinden. Auf den Beschluß sind die Bestimmungen des Gesetzes und der Satzung über Satzungsänderungen nicht anzuwenden.

(2) Der Beschluß über die Eingliederung wird nur wirksam, wenn die Hauptversammlung der zukünftigen Hauptgesellschaft zustimmt. Der Beschluß über die Zustimmung bedarf einer Mehrheit, die mindestens drei Viertel des bei der Beschlußfassung vertretenen Grundkapitals umfaßt. Die Satzung kann eine größere Kapitalmehrheit und weitere Erfordernisse bestimmen. Absatz 1 Satz 2 ist anzuwenden. Jedem Aktionär ist auf Verlangen in der Hauptversammlung, die über die Zustimmung beschließt, Auskunft auch über alle im Zusammenhang mit der Eingliederung wesentlichen Angelegenheiten der einzugliedernden Gesellschaft zu geben.

(3) Der Vorstand der einzugliedernden Gesellschaft hat die Eingliederung und die Firma der Hauptgesellschaft zur Eintragung in das Handelsregister anzumelden. Bei der Anmeldung hat der Vorstand zu erklären, daß die Hauptversammlungsbeschlüsse innerhalb der Anfechtungsfrist nicht angefochten worden sind oder daß die Anfechtung rechtskräftig zurückgewiesen worden ist. Der Anmeldung sind die Niederschriften der Hauptversammlungsbeschlüsse und ihre Anlagen in Ausfertigung oder öffentlich beglaubigter Abschrift beizufügen.

(4) Mit der Eintragung der Eingliederung in das Handelsregister des Sitzes der Gesellschaft wird die Gesellschaft in die Hauptgesellschaft eingegliedert.

77 **§ 18 Aktiengesetz**
Konzern und Konzernunternehmen

(1) Sind ein herrschendes und ein oder mehrere abhängige Unternehmen unter der einheitlichen Leitung des herrscheden Unternehmens zusammengefaßt, so

Corporation Act (SCA), integration within the meaning of § 319 SCA[76], several enterprises being subject to centralized management within the meaning of § 18 SCA[77], interlocking shareholdings within the meaning of § 19 SCA;[78]

---

prises for the purpose of sharing the pooled profits (pooling of profits),

2. undertakes to transfer part of its profit or the profit of some of its plants, in whole or in part, to another (agreement to transfer a portion of profit),

3. leases the entire enterprise to another or otherwise surrenders its operation to another (company lease agreement, company surrender agreement).

(2) A profit-sharing agreement with members of the managing board or of the supervisory board or with individual employees of the company, or an undertaking concerning the sharing of profit pursuant to agreements within the scope of the company's business or licensing agreements, shall not be deemed to be an agreement to transfer a portion of the profit.

(3) A company lease agreement or a company surrender agreement and the resolution whereby the shareholders have approved such agreement shall not be considered void as in violation of §§ 57, 58 and 60. The first sentence hereof shall not, however, preclude an action to set aside the resolution because of such violation.

76 **§ 319 Stock Corporation Act**
Integration
(1) The shareholders of a stock corporation may adopt a resolution to integrate the company into another stock corporation domiciled in Germany (principal company) if all of the shares of the company are held by the prospective principal company. The provisions of the law and of the articles of incorporation concerning the amendment of the articles of incorporation shall not apply to such resolution.

(2) The resolution concerning integration shall become effective only if approved by the shareholders of the prospective principal company. The resolution concerning such approval shall require a majority of no less than three-fourth of the stated capital represented when the resolution is adopted. The articles of incorporation may provide for a higher capital majority and establish additional requirements. Paragraph 1, second sentence, hereof shall be applicable. At the shareholders' meeting in which the resolution concerning the approval is adopted, each shareholder shall, upon request, also be furnished with information on such matters affecting the company to be integrated as are material to the integration.

(3) The managing board of the company to be integrated shall file an application to record the integration and the name of the principal company in the Commercial Register. In making such application, the managing board shall state that no action to set aside the shareholders' resolution has been instituted within the time period provided therefore, or that an action to set them aside has been dismissed by a final decision. The application shall be accompanied by a duplicate original or certified copy of the minutes of the resolutions and their annexes.

(4) The integration of the company into the principal company shall not become effective before registration of the integration in the Commercial Register at the company's domicile.

77 **§ 18 Stock Corporation Act**
Affiliated Groups and Members of Groups
(1) If a controlling and one or more controlled enterprises are subject to the centralized management of the controlling enterprise, they constitute an affiliated

3. unmittelbarer oder mittelbarer Beteiligung derselben Personen an der Geschäftsleitung oder der Kontrolle zweier Unternehmen oder

4. der Unterstellung zweier Unternehmen unter den beherrschenden Einfluß eines dritten Unternehmens.

1.3.2.6. Eine Verflechtung durch besondere Einflußmöglichkeiten setzt voraus, daß sich der Einfluß der Person oder des Steuerpflichtigen auf die in Frage stehende Geschäftsbeziehung selbst erstreckt. Die Verflechtung wird bereits durch die Möglichkeit begründet, einen solchen Einfluß auszuüben. Es genügt die Möglichkeit, über andere Einfluß zu nehmen, z. B. über nahestehende Gesellschaften (§ 1 Abs. 2 Nr. 1 und 2 AStG)[73].

1.3.2.7. Die Verflechtung durch Interessenidentität ist z. B. gegeben, wenn sich das eigene geschäftliche oder persönliche Interesse der Person oder des Steuerpflichtigen auf die zur Berichtigung anstehenden Einkünfte selbst bezieht.

---

bilden sie einen Konzern; die einzelnen Unternehmen sind Konzernunternehmen. Unternehmen, zwischen denen ein Beherrschungsvertrag (§ 291) besteht oder von denen das eine in das andere eingegliedert ist (§ 319), sind als unter einheitlicher Leitung zusammengefaßt anzusehen. Von einem abhängigen Unternehmen wird vermutet, daß es mit dem herrschenden Unternehmen einen Konzern bildet.

(2) Sind rechtlich selbständige Unternehmen, ohne daß das eine Unternehmen von dem anderen abhängig ist, unter einheitlicher Leitung zusammengefaßt, so bilden sie auch einen Konzern; die einzelnen Unternehmen sind Konzernunternehmen.

78 **§ 19 Aktiengesetz**
Wechselseitig beteiligte Unternehmen
(1) Wechselseitig beteiligte Unternehmen sind Unternehmen mit Sitz im Inland in der Rechtsform einer Kapitalgesellschaft oder bergrechtlichen Gewerkschaft, die dadurch verbunden sind, daß jedem Unternehmen mehr als der vierte Teil der Anteile des anderen Unternehmens gehört. Für die Feststellung, ob einem Unternehmen mehr als der vierte Teil der Anteile des anderen Unternehmens gehört, gilt § 16 Abs. 2 Satz 1, Abs. 4.

(2) Gehört einem wechselseitig beteiligten Unternehmen an dem anderen Unternehmen eine Mehrheitsbeteiligung oder kann das eine auf das andere Unternehmen unmittelbar oder mittelbar einen beherrschenden Einfluß ausüben, so ist das eine als herrschendes, das andere als abhängiges Unternehmen anzusehen.

(3) Gehört jedem der wechselseitig beteiligten Unternehmen an dem anderen Unternehmen eine Mehrheitsbeteiligung oder kann jedes auf das andere unmittelbar oder mittelbar einen beherrschenden Einfluß ausüben, so gelten beide Unternehmen als herrschend und als abhängig.

(4) § 328 ist auf Unternehmen, die nach Absatz 2 oder 3 herrschende oder abhängige Unternehmen sind, nicht anzuwenden.

3. indirect or direct participation of the same persons in the management or the control of two enterprises, or

4. subjecting two enterprises to the controlling influence of a third enterprise.

1.3.2.6. A relationship established by way of special means of influence requires that the person's or the taxpayer's influence directly extends to the transaction in question. The mere possibility of exerting such influence shall suffice. The possibility of exercising influence via others, such as via related companies, shall also suffice (§ 1 (2) Nos. 1 and 2 "Aussensteuergesetz"[73]).

1.3.2.7. A relationship established by way of an identity of interests exists if, for example, the person's or the taxpayer's own business interests or personal interests are directed to the income which is subject to the intended adjustment.

---

group of companies, and the individual enterprises are considered members of such group. If enterprises are parties to a control agreement (§ 291), or if one enterprise has been integrated into the other (§ 319), they shall be presumed to form an affiliated group with the controlling enterprise.

(2) Where legally independent enterprises are subject to centralized management but one does not control the other, they shall also constitute an affiliated group of companies, and the individual enterprises are considered members of such group.

78 **§ 19 Stock Corporation Act**
Interlocking Enterprises
(1) Interlocking enterprises are enterprises domiciled in Germany which have the legal form of a corporation or mining company and which are related in such a way that each of the enterprises holds more than one-fourth of the shares of any of the other enterprises. Whether an enterprise is the holder of more than one-fourth of the shares of another enterprise shall be determined by reference to § 16, paragraph 2, first sentence, and paragraph 4.

(2) If one of the interlocking interprises holds a majority interest in the other enterprise, or if one of the enterprises can exert, directly or indirectly, a controlling influence over the other, one shall be deemed the controlling, and the other the controlled, enterprise.

(3) If each of the interlocking enterprises holds a majority interest in the other enterprise, or if each can exert, directly or indirectly, a controlling influence over the other, each shall be deemed to be a controlling and a controlled enterprise.

(4) § 328 shall not apply to enterprises that are deemed to be controlling or controlled enterprises pursuant to paragraph 2 or paragrapf 3 hereof.

1.4. Rechtliche Ausgestaltung von Geschäftsbeziehungen zwischen nahestehenden Unternehmen

1.4.1. Macht ein Unternehmen Aufwendungen zugunsten eines Nahestehenden als Betriebsausgaben geltend, so ist zu prüfen, ob die Aufwendungen betrieblich veranlaßt sind oder ihren Rechtsgrund in den gesellschaftsrechtlichen Beziehungen haben.

Im Verhältnis zum beherrschenden Gesellschafter kann in aller Regel ein Betriebsausgabenabzug nur anerkannt werden, wenn den Aufwendungen im voraus getroffene klare und eindeutige Vereinbarungen zugrunde liegen (BFH-Urteil vom 3. 11. 1976 – BStBl. 1977 II S. 172; zu Ausnahmen vgl. BFH-Urteil vom 21. 7. 1982 – BStBl. II S. 761). Gleiches gilt im Verhältnis zu Schwestergesellschaften. Im normalen Lieferungs- und Leistungsverkehr gelten die gleichen formellen Anforderungen wie bei Geschäften zwischen Fremden.

In den übrigen Fällen reicht es aus, wenn den Aufwendungen wie zwischen Fremden begründete Rechtsansprüche zugrunde liegen.

1.4.2. Hat ein Unternehmen bei Geschäftsbeziehungen zu einem Nahestehenden auf Entgelte verzichtet, die es nach dem Grundsatz des Fremdvergleichs beansprucht hätte, so steht das Fehlen entsprechender Vereinbarungen einer Berichtigung nicht entgegen.

1.4.3. Kommt es bei Mangel an klaren und eindeutigen Vereinbarungen in einem Land zu einer Berichtigung und ist in dem anderen Land wegen des Fehlens solcher Vereinbarungen ein Abzug nicht möglich, so gilt für die sich daraus ergebende Doppelbelastung Tz. 1.2.3.

1.4.4. Zur Frage des Nachweises vgl. Tz. 9.

1.5. Geschäftsbeziehungen zu Nahestehenden in niedrig besteuernden Gebieten

1.5.1. Bei der Prüfung der Einkunftsabgrenzung im Verhältnis zu Nahestehenden in niedrig besteuernden Gebieten sind die einschlägigen Vorschriften (z. B. §§ 39 bis 42 AO)[79] sowie die dazu ergangenen Verwaltungsanweisungen zu beachten. Die besonderen Verhältnisse, die bei der Beurteilung zu beachten sind (vgl. z. B. Tz. 2.1.3. Satz 4, Tz. 2.1.8. Satz 4), sind vom Steuerpflichtigen nach Maßgabe der §§ 16 ASt[80], 90 Abs. 2 AO[81] aufzu-

---

79 Siehe Fußnote 64.
80 Siehe Seite 80.
81 Siehe Fußnote 2.

1.4. Legal Formalities of Transactions Between Related Enterprises

1.4.1. If an enterprise claims business deduction for expenditures made for the benefit of a related person, an examination will be made as to whether such expeditures were necessitated by the business or whether they were made because of the shareholder-corporation relationship.

With respect to expenditures made in favour of the majority shareholder, a business deduction will, as a rule, only be recognized where the expenditures were made on the basis of clear and unequivocal agreements reached beforehand (Federal Tax Court decision of 3 November 1976, BStBl. 1977 II p. 172; as to exceptions see Federal Tax Court decision of 21 July 1982, BStBl. II p. 761). The same applies amongst sister companies. In the ordinary course of transfers of goods and services, the same formal requirements shall be observed as among unrelated parties.

In all other cases it will be sufficient if the expenditures result from arm's length legal obligations.

1.4.2. If an enterprise has waived a remuneration in a transaction with a related party which it would have claimed on an arm's length basis, the absence of an agreement to this effect shall not prevent an adjustment.

1.4.3. If an adjustment is made in one country when there was no clear and unequivocal agreement and if no deduction is permitted in the other country due to the absence of such an agreement, then Cl. 1.2.3. shall apply with regard to the resulting double taxation.

1.4.4. Regarding evidence see Cl. 9.

1.5. Transactions with Related Persons in Low Tax Areas

1.5.1. When reviewing income allocations with respect to related persons in low tax areas the applicable provisions of law (such as §§ 39–42 General Tax Code[79] and the regulations issued thereunder shall be observed. The taxpayer must disclose (§ 16 "Aussensteuergesetz"[80], § 90 (2) General Tax Code[81]) the special circumstances to be taken into consideration (see for instance Cl. 2.1.3., 4th sentence, Cl. 2.1.8., 4th sentence). Cl. 2.4.3. and

---

79 See footnote 64.
80 See page 81.
81 See footnote 2.

klären. Die Tz. 2.4.3. und 2.4.6. sind in derartigen Fällen grundsätzlich nicht anwendbar.

1.5.2. Die Abgrenzungsregelungen gelten auch für Geschäftsbeziehungen zu zwischengeschalteten Gesellschaften im Sinne des § 5[82] bzw. zu Zwischengesellschaften im Sinne der §§ 7 bis 14 AStG[83]; bei der Ermittlung der hinzurechnungspflichtigen Einkünfte der Zwischengesellschaft (§ 10 Abs. 3 AStG)[84] ist ggf. eine Gegenberichtigung vorzunehmen.

2. Allgemeine Grundsätze zur Einkunftsabgrenzung

2.1. Der Fremdvergleich als Maßstab der Einkunftsabgrenzung

2.1.1. Geschäftsbeziehungen zwischen Nahestehenden sind steuerlich danach zu beurteilen, ob sich die Beteiligten wie voneinander abhängige Dritte verhalten haben (Fremdvergleich). Dabei sind Maßstab die Verhältnisse des freien Wettbewerbs. Zugrunde zu legen ist die verkehrsübliche Sorgfalt odentlicher und gewissenhafter Geschäftsleiter gegenüber Fremden (vgl. z. B. BFH-Urteil vom 16. 3. 1967 – BStBl. III S. 626 und vom 10. 5. 1967 – BStBl. III S. 498).

2.1.2. Der Einkunftsabgrenzung ist grundsätzlich das jeweilige Geschäft mit dem Nahestehenden zugrunde zu legen. Maßgebend sind die tatsächlichen Verhältnisse nach ihrem wirtschaftlichen Gehalt (Vgl. BFH-Urteile vom 30. 7. 1965 – BStBl. III S. 613, vom 26. 2. 1970 – BStBl. II S. 419 und vom 15. 1. 1974 – BStBl. II S. 606; vgl. ferner Tz. 3.1.3., Beispiel 3).

2.1.3. Bei der Einkunftsabgrenzung sind die Funktionen der einzelnen nahestehenden Unternehmen zu beachten. Hierfür sind insbesondere von Bedeutung

– die Struktur, Organisation, Aufgabenteilung und Risikoverteilung in Konzernen sowie die Zurechnung von Wirtschaftsgütern;

– welche Unternehmen die einzelnen Funktionen (Herstellung, Montage, Forschung und Entwicklung, verwaltungsbezogene Leistungen, Absatz, Dienstleistungen) erfüllen und

– in welcher Eigenschaft die Unternehmen diese Funktionen erfüllen (z. B. als Eigenhändler, Agent oder als gleichgeordneter Teilnehmer bzw. Handlungsbeauftragter eines Pools).

Hierbei kommt es auf den wirtschaftlichen Gehalt der tatsächlichen Tä-

---

82 Siehe Seite 50.
83 Siehe Seite 56 ff.
84 Siehe Seite 66 f.

2.4.6. are in principle inapplicable in these cases.

1.5.2. The allocation rules also apply to transaction with interposed companies within the meaning of § 5[82] and with intermediate companies within the meaning of §§ 7–14 "Aussensteuergesetz"[83]; when determining the income of the intermidiate company giving rise to additions (§ 10 (3) "Aussensteuergesetz"[84]), an appropriate adjustment shall be made if necessary.

2. General Principles of Income Allocation

2.1. The Arm's Length Principle to Govern Income Allocations

2.1.1. Transactions among related persons shall be judged taxwise by the criterion of whether the parties to the transaction have acted like unrelated third parties (arm's length principle). The standards to be applied are the conditions of free competition. The standard of customary care employed by an orderly and diligent manager when dealing with unrelated persons shall apply (see, for instance, Federal Tax Cour decisions of 16 March 1967, BStBl. III p. 626, and of 10 May 1967, BStBl. III p. 448).

2.1.2. It is the specific transaction with the related person which will, in principle, be the subject of an income allocation. The economic substance of the actual facts is decisive (see Federal Tax Court decisions of 30 July 1965, BStBl. III p. 613; of 26 February 1970, BStBl. II p. 419, and of 15 January 1974, BStBl. II p. 606; see also Cl. 3.1.3., example 3).

2.1.3. The respective functions of the individual related persons shall be considered when allocating income. In this context, the following are of special importance:

– the structure, organisation, division of functions, and the allocation of risks within a group, as well as the attribution of assets and liabilities;

– which of the enterprises fulfils the individual functions (production, assembly, research and development, administrative services, sales, services), and

– the specific capacity in which the enterprises fulfil such functions (i. e., as a distributor, commission agent, or participating on an equal level within, or commissioned by, a pool).

The activities performed shall be judged according to their economic sub-

---

82 See page 51.
83 See pages 57 ff.
84 See page 67 f.

tigkeit an (vgl. Tz. 2.1.2). Bei funktionslosen Unternehmen können Leistungsentgelte nicht berücksichtigt werden; bei funktionsschwachen Unternehmen können nur die tatsächlich erbrachten wirtschaftlichen Leistungen berücksichtigt werden, und zwar in der Regel mit einem kostenorientierten Entgelt (vgl. Tz. 2.2.4.).

2.1.4. Für die Abgrenzung ist maßgebend, wie Fremde die Entgelte für gleichartige Lieferungen oder Leistungen angesetzt hätten („Fremdvergleichspreis"; im folgenden: „Fremdpreis") oder welche Erträge oder Aufwendungen bei einem Verhalten wie unter Fremden beim Steuerpflichtigen angefallen wären. Hierbei ist davon auszugehen, daß im allgemeinen Geschäftsverkehr die einzelnen Lieferungen und Leistungen zwischen Unabhängigen in der Regel Gegenstand gesonderter Geschäftsbeziehungen sind, d. h. gesondert vereinbart und abgerechnet werden. Einheitliche Geschäftsvereinbarungen zwischen Nahestehenden sind jedoch als solche der Prüfung zugrunde zu legen; wird dabei für mehrere Lieferungen oder Leistungen ein einheitliches Entgelt verrechnet, so ist dies nicht zu beanstanden, wenn das Gesamtentgelt auf einzelne Teilleistungen aufgeteilt werden kann oder wenn auch Fremde derartige Gesamtpreise vereinbaren. Liegen mehrere Geschäftsvereinbarungen vor, so gilt Tz. 2.3 (Vorteilsausgleich).

2.1.5. Zur Ermittlung von Fremdpreisen sind die Daten heranzuziehen, auf Grund deren sich die Preise zwischen Fremden im Markt bilden. Maßgebend sind die Preise des Marktes, auf dem Fremde die Geschäftsbedingungen aushandeln würden.

2.1.6. Als Anhaltspunkte für die Bemessung von Fremdpreisen kommen danach vor allem in Betracht

a) Börsenpreise, branchenübliche Preise, die auf dem maßgeblichen Markt ermittelt sind (Marktpreise), sowie sonstige Informationen über den Markt;

b) Preise, die der Steuerpflichtige, der ihm Nahestehende oder Dritte tatsächlich für entsprechende Lieferungen oder Leistungen auf dem maßgeblichen Markt vereinbart haben;

c) Gewinnaufschläge, Kalkulationsverfahren oder sonstige betriebswirtschaftliche Grundlagen, die im freien Markt die Preisbildung beeinflussen (betriebswirtschaftliche Daten).

2.1.7. Diese Daten sind ggf. angemessen zu berichtigen, um sie an abweichende Bedingungen des jeweils vorliegenden Geschäfts anzupassen, die für die Bemessung des Fremdpreises von Bedeutung sind (Beispiel: Marktpreise für Waren einer Standardqualität werden in branchenüblicher Weise auf Warenqualitäten umgerechnet, für die ein besonderer Marktpreis

stance (see Cl. 2.1.2.). Remuneration accruing to enterprises lacking all functions will be disallowed; in the case of enterprises performing merely weaker roles, only the economic performances actually rendered may be considered, as a rule by using the cost plus method (see Cl. 2.2.4.).

2.1.4. The relevant question for any allocation is: How would unrelated parties have agreed the remuneration for similar supplies or services ("arm's length price"), or what income or expenditures would have accrued to or been incurred by the taxpayer if independent parties had acted. As a rule, unrelated parties engaged in general trade or business would have made their supplies or performances the subject of special business relations, i. e., of specific agreements and they would have settled their accounts separately. On the other hand, standard terms agreed among related persons shall be accepted as such in the tax examination; should such terms provide for uniform prices for several supplies or performances, then this will not meet objections, provided that the total consideration can be apportioned to the individual partial performances or if unrelated parties would also agree such lump prices. In the case of several commercial agreements, Cl. 2.3. (set-offs) shall apply.

2.1.5. In finding arm's length prices the data having a bearing on price formation on the open market among unrelated parties are to be considered. The prices of the market on which unrelated parties would have negotiated their business terms are decisive.

2.1.6. The following criteria shall in particular be considered in determining arm's length prices,

a) commodity market quotations, prices customary in the trade found in the relavant market (market prices), as well as other market information;

b) prices which the taxpayer or persons related to him or third parties have actually agreed to pay for corresponding supplies or performances in the relevant market;

c) mark-ups, methods of calculation or other business economics data having a bearing on open marketprices (business economics data).

2.1.7. These data shall, where necessary, be reasonably adjusted to make them correspond to those special conditions of the specific transaction which have a bearing on assessing the arm's length price (example: uncontrolled prices for goods of standardized quality are to be recalculated in a customary manner into prices for qualities for which there is no uncon-

nicht besteht; auf cif beruhende Marktpreise sind bei fob-Geschäften entsprechend umzurechnen). Handelsübliche Mengenrabatte sind zu berücksichtigen.

2.1.8. Ein ordentlicher Geschäftsleiter wird mit der gebotenen Sorgfalt aus den verfügbaren oder ihm zugänglichen Daten (vgl. BFH-Urteil vom 10.1. 1973 – BStBl. II S.322) den Verrechnungspreis ableiten (vgl. Tz. 2.1.1.).

Dabei hat er die Spielräume in der Lagebeurteilung und der geschäftlichen Entscheidung, wie sie sich aus der Teilnahme am allgemeinen Wirtschaftsverkehr und aus der Marktsituation ergeben. Andererseits hat die Leitung des steuerpflichtigen Unternehmens dessen Eigeninteressen gegenüber Nahestehenden und gegenüber dem Konzernganzen in derselben Weise zu wahren, wie sie dies gegenüber fremden Dritten täte. Das Wahrnehmen solcher Spielräume setzt voraus, daß der gesamte Gestaltungsrahmen den allgemeinen Gepflogenheiten des Betriebs, der Branche oder des allgemeinen Geschäftsverkehrs entspricht.

2.1.9. Die folgenden Beispiele erläutern die Anwendung der Grundsätze:

Beispiel 1

Zur Ermittlung des Fremdpreises steht auf dem Markt oft nur ein Band von Preisen zur Verfügung, innerhalb dessen unabhängige Marktteilnehmer von Fall zu Fall den Preis für die einzelnen Geschäfte aushandeln. Zwei nahestehende Unternehmen setzen die zwischen ihnen vereinbarten Preise ohne wirtschaftlich beachtliche Gründe schematisch auf der Ober- oder Untergrenze des Preisbandes fest, wodurch die Gewinne des benachteiligten Unternehmens laufend geschmälert werden. Ein ordentlicher Geschäftsleiter des benachteiligten Unternehmens würde derartige schematische Preisfestsetzungen nicht hinnehmen, sondern im Interesse seines Unternehmens auf eine ausgewogene Preisgestaltung bedacht sein. Deshalb sind die Einkünfte des benachteiligten Unternehmens zu berichtigen.

Beispiel 2

In den Export eines deutschen Unternehmens wird ein Vertriebsunternehmen in einem Niedrigsteuerland eingeschaltet. Bei den Warenlieferungen an dieses Unternehmen werden bestehende Beurteilungsspielräume stets so ausgenutzt, daß bei dem Vertriebsunternehmen ein nach seiner Funktion unangemessen hoher Rohgewinn anfällt. Ein ordentlicher Geschäftsleiter des benachteiligten deutschen Unternehmens würde eine solche Gestaltung nicht hinnehmen. Die Einkünfte sind zu berichtigen.

trolled price; uncontrolled prices pased on c. i. f. are to be recalculated accordingly in the case of f. o. b. transactions). Customary volume discounts are to be observed.

2.1.8. A diligent manager would deduce the transfer price with the required conscientiousness (see Cl. 2.1.1.) from the data available or from those to which he has access (see Federal Tax Court decision of 10 January 1973, BStBl. II p. 322).

He would enjoy the degree of freedom in making his judgements and business decisions resulting from his participation in general trade and business and from the market situation. On the other hand, the management of the taxpaying enterprise must observe the enterprise's own interests vis-à-vis related persons and vis-à-vis the group as a whole in the same manner as it would when dealing with unrelated third parties. Making use of the said freedom requires that the pattern of actions is in line with the custom generally observed by the enterprise, the branch of industry or the ordinary course of business.

2.1.9. The following examples illustrate the application of the above principles:

Example 1

In determining the arm's length price, the market would often offer only a range of prices within which uncontrolled market participants would negotiate the price case by case for each transfer. Two related enterprises now agree their prices without economically cogent reasons always at the highest or lowest level of the price range whereby the profits of the injured enterprise would constantly be reduced. A diligent manager of the injured enterprise would not tolerate such price setting and would endeavour to achieve a more balanced pricing in the interest of his enterprise. Therefore, the income of the injured enterprise has to be adjusted.

Example 2

A German company exports its goods by using a trading company in a low tax country. The German company, when supplying goods, would use its freedom of action in such a way that the trading company would constantly make gross profits which are unreasonably high judged by its functions. A diligent manager of the injured German enterprise would not tolerate this situation. Its income has to be adjusted.

2.2. Standardmethoden zur Prüfung von Verrechnungspreisen

2.2.1. Die im folgenden beschriebenen Standardmethoden sind wichtigste Anhaltspunkte bei der Prüfung von Verrechnungspreisen (vgl. Tz. 2.4.1).

2.2.2. Preisvergleichsmethode (sogenannte „Comparable uncontrolled price method")

Der zwischen den Nahestehenden vereinbarte Preis wird mit Preisen verglichen, die bei vergleichbaren Geschäften zwischen Fremden im Markt vereinbart worden sind.

Dies kann geschehen (vgl. oben Tz. 2.1.6.) durch

a) äußeren Preisvergleich (Vergleich mit Marktpreisen, die anhand von Börsennotierungen, branchenüblichen Preisen oder Abschlüssen unter voneinander unabhängigen Dritten festgestellt werden);

b) inneren Preisvergleich (Vergleich mit marktentstandenen Preisen, die der Steuerpflichtige oder ein Nahestehender mit Fremden vereinbart hat).

Die verglichenen Geschäfte sollen möglichst gleichartig sein (direkter Preisvergleich). Ungleichartige Geschäfte können herangezogen werden, wenn der Einfluß der abweichenden Faktoren eliminiert und der bei diesen Geschäften vereinbarte Preis gemäß Tz. 2.1.7. auf einen Preis für das verglichene Geschäft umgerechnet werden kann (indirekter Preisvergleich; Beispiel: Umrechnung von cif-Preisen in fob-Preise).

2.2.3. Wiederverkaufspreismethode (sogenannte „Resale price method")

Diese Methode geht von dem Preis aus, zu dem eine bei einem Nahestehenden gekaufte Ware an einen unabhängigen Abnehmer weiterveräußert wird. Von dem Preis aus dem Wiederverkauf wird auf den Preis zurückgerechnet, der für die Lieferungen zwischen den Nahestehenden anzusetzen ist. Dazu wird der Wiederverkaufspreis um marktübliche Abschläge berichtigt, die der Funktion und dem Risiko des Wiederverkäufers entsprechen; hat der Wiederverkäufer die Ware bearbeitet oder sonst verändert, so ist dies durch entsprechende Abschläge zu berücksichtigen. Läuft eine Ware über eine ganze Kette Nahestehender, so kann u. U. von dem (marktentstandenen) Preis der letzten Lieferung an einen Fremden über die ganze Kette hinweg bis zu deren Anfangsglied zurückgerechnet werden. Entsprechendes gilt bei Leistungen.

2.2.4. Kostenaufschlagsmethode (sogenannte „Cost plus method")

Diese Methode geht bei Lieferungen oder Leistungen zwischen Nahestehenden von den Kosten des Herstellers oder Leistenden aus. Diese Kosten

2.2. Standard Methods of Reviewing Transfer Prices

2.2.1. The standard methods described hereunder are the most important criteria in reviewing transfer prices (se Cl. 2.4.1.).

2.2.2. Comparable Uncontrolled Price Method

The transfer price is set by reference to actual comparable transactions between unrelated parties on the market.

This can be done (see Cl. 2.1.6. above) by

a) an external price comparison (comparison with market prices found by using commodity exchange quotations, prices customary in this trade, actual transactions agreed among unrelated third parties),

b) an internal price comparison (comparison with prices generated on the market and agreed by the taxpayer or by a related party with an uncontrolled party).

The transactions to be compared should be as similar to each other as possible (direct price comparison). Dissimilar transactions may be used if the impact of the deviating factors can be eliminated and if the price agreed for these transactions can be recalculated, in accordance with Cl. 2.1.7., into a price for the transaction being compared (indirect price comparison; example: re-calculation of c. i. f. prices into f. o. b. prices).

2.2.3. Resale Price Method

This method proceeds from the price at which a product which has been purchased from a related seller is resold to an independent buyer. The resale price is then recalculated into a price which ought to have been agreed between the related parties. For this purpose the resale price is reduced by arm's length reductions equivalent to the function and the risk of the reseller; in case the reseller should have processed or otherwise modified the product, appropriate reductions shall be made therefor. In case the product is handled by a chain of related parties, then under certan circumstances the (market)price for the last delivery to an independent buyer may be re-calculated across the entire chain back to the original seller. Services shall be trated correspondingly.

2.2.4. Cost Plus Method

This method when applied to supplies or services beween related parties proceeds from the costs of the manufacturer or supplier. The relevant

werden nach den Kalkulationsmethoden ermittelt, die der Liefernde oder Leistende auch bei seiner Preispolitik gegenüber Fremden zugrunde legt oder – wenn keine Lieferungen oder Leistungen gegenüber Fremden erbracht werden – die betriebswirtschaftlichen Grundsätzen entsprechen. Es werden dann betriebs- oder branchenübliche Gewinnzuschläge gemacht. Bei Lieferungen oder Leistungen über eine Kette Nahestehender ist diese Methode auf die einzelnen Stufen nacheinander anzuwenden, wobei die tatsächlichen Funktionen (Tz. 2.1.3.) der einzelnen nahestehenden Unternehmen zu beachten sind.

2.3. Vorteilsausgleich

2.3.1. Ein Ausgleich zwischen vorteilhaften und nachteiligen Geschäften eines Steuerpflichtigen mit Nahestehenden ist nur zulässig, wenn Fremde bei ihren Geschäften untereinander einen solchen Ausgleich vorgenommen hätten. Danach sind die Vorteile mit den Nachteilen auszugleichen, wenn der Steuerpflichtige bei Geschäften mit dem ihm Nahestehenden nachteilige Bedingungen im Hinblick darauf in Kauf genommen hat, daß er von diesem Nahestehenden im Rahmen des in Betracht stehenden Geschäftszusammenhangs im Gegenzuge Vorteile erhält.

2.3.2. Der Vorteilsausgleich nach Tz. 2.3.1. setzt voraus, daß

– die Geschäfte in einem inneren Zusammenhang stehen, der den Schluß zuläßt, daß die Geschäfte auch unter Fremdbedingungen von dem Steuerpflichtigen mit derselben Person abgeschlossen worden wären,

– die Vor- und Nachteile bei den einzelnen Geschäften mit der Sorgfalt eines ordentlichen Geschäftsleiters quantifiziert werden können und

– die Vorteilsverrechnung vereinbart war oder zur Geschäftsgrundlage des nachteiligen Geschäfts gehörte (BFH-Urteil vom 8. 6. 1977 – BStBl. II S. 704).

2.3.3. Sind die nachteiligen Bedingungen nicht während des Wirtschaftsjahres, in dem sie sich ausgewirkt haben, ausgeglichen worden, so ist ein Ausgleich nur zulässig, wenn spätestens zum Ende dieses Wirtschaftsjahres bestimmt ist, wann und durch welche Vorteile die Nachteile ausgeglichen werden. Die Nachteile müssen innerhalb der drei folgenden Wirtschaftsjahre ausgeglichen sein. Ein Ausgleich ist auch dann gegeben, wenn die den Vorteil einbringende Leistung aktiviert wird.

2.4. Anwendung der Methoden

2.4.1. Eine für alle Fallgruppen zutreffende Rangfolge der Standardmethoden für die Prüfung von Verrechnungspreisen gibt es nicht. Grundlage der Prüfung bildet die vom Unternehmen durchgeführte Ermittlung der

costs will be determined by using the cost accounting concepts of the supplying or performing party employed in its pricing policy towards independent parties or – in the absence of supplies to or other transactions with independent parties – which correspond to principles of business economics. Profit mark-ups customary for this enterprise or in this trade will be added. In the case of supplies or services over a chain of related parties, this method shall be applied to each member of the chain consecutively giving due regard to the respective actual functions (Cl. 2.1.3.) of the individual related enterprises.

2.3. Set-offs

2.3.1. A compensation between beneficial and harmful transactions of a taxpayer with a related party is only permissible if unrelated parties would also have agreed to such a balancing of their transactions. In these cases benefits provided are to be set-off against disadvantages suffered if the taxpayer in transactions with a related party accepted unfavourable terms with a view to receiving from the related party benefits in return in the context of the transactions in question.

2.3.2. Set-offs under 2.3.1. require that

– the transactions concerned are linked in a manner permitting the conclusion that the taxpayer would have entered into the same transactions with the same party under arm's length conditions as well,

– the benefits and disadvantages of the individual transactions can be quantified by employing the diligence of a careful manager,

– there has been a set-off arrangement made in advance or that the set-off was part of the mutually agreed basis of the unfavourable transaction (Federal Tax Court decision of 8 June 1977, BStBl. II p. 704).

2.3.3. In case the unfavourable terms should not have been balanced out in the same fiscal year in which they affected the taxpayer, then a set-off is only permissible if it is agreed not later than by the end of the same fiscal year when and by what means a balancing of the injury suffered will occur. The injury must be compensated within the three subsequent fiscal years. It shall be sufficient if the transfer resulting in a benefit is shown as accrued income.

2.4. Application of Methods

2.4.1. There is no order of priority in which the standard methods of reviewing transfer prices shall be applied to all groups of cases. Any review shall proceed from the enterprise's own calculation of its transfer pric-

Verrechnungspreise. Bei der Prüfung, ob diese nach Art und Anwendung sachgerecht ist, ist davon auszugehen, daß ein ordentlicher Geschäftsleiter

a) sich an der Methode orientieren wird, die den Verhältnissen am nächsten kommt, unter denen sich auf wirtschaftlich vergleichbaren Märkten Fremdpreise bilden;

b) in Zweifelsfällen sich an der Methode orientieren wird, für die möglichst zuverlässige preisrelevante Daten aus dem tatsächlichen Verhalten der beteiligten nahestehenden Unternehmen bei Fremdgeschäften zur Verfügung stehen.

Hierbei ist auf die Verhältnisse des Einzelfalles abzustellen.

2.4.2. Die Marktverhältnisse werden es oft notwendig machen, bei der Festsetzung von Verrechnungspreisen mehrere Methoden heranzuziehen. Dementsprechend ist es nicht zu beanstanden, wenn die Standardmethoden konkretisiert, vermischt oder durch andere Elemente ergänzt werden, um den Marktverhältnissen Rechnung zu tragen. Bei der Prüfung von Verrechnungspreisen können mehrere Standardmethoden verwendet werden.

2.4.3. Nahestehende Unternehmen ermitteln ihre Verrechnungspreise oft aufgrund von allgemeinen Kosten-, Kalkulations- oder ähnlichen Berechnungsvorgaben oder zentral gesammelten Daten. Bei der Prüfung der Einkunftsabgrenzung kann von solchen Berechnungssystemen ausgegangen werden, wenn sie mit angemessener Genauigkeit zu den Ergebnissen führen, die sich bei einem Verhalten wie unter Fremden ergäben. Dies setzt voraus, daß

a) die Berechnungssysteme hinreichend differenziert und nach System und Anwendung im einzelnen leicht und vollständig nachprüfbar sind,

b) die Berechnungssysteme den Anspruch auf vollständige und richtige Erfassung der im Inland erwirtschafteten Einkünfte wahren und

c) die Unternehmen die in den Berechnungssystemen enthaltenen Vorgaben und Daten in angemessenen Zeitabständen überprüfen und an veränderte Verhältnisse anpassen.

Die Berechnungssysteme sind auf ihre Schlüssigkeit und auf ihre sachgerechte Anwendung auf die einzelnen Geschäfte zu überprüfen. Hierbei ist Tz. 2.3. zu beachten.

2.4.4. Bei Anwendung dieser Grundsätze

a) ist in Konzernen von den tatsächlichen Funktionen der nahestehenden Unternehmen auszugehen;

es. When examining whether the method and application of this calculation is adequate one has to assume that a diligent manager

a) would be guided by the method coming closest to the conditions under which arm's length prices are established in economically comparable markets;
b) would, in cases of doubt, be guided by the method for which there exist data of the highest possible reliability having a bearing on prices and originating from arm's length transactions of the related parties.

The circumstances of each individual case shall be controlling.

2.4.2. Frequently, market conditions will make it necessary to employ more than one method in establishing transfer prices. It is not objectionable, therefore, if the standard methods are made more specific or if they are mixed or if other elements are added thereto in order to take account of the market conditions. When reviewing transfer prices several standard methods may be used.

2.4.3. Related enterprises would frequently fix their transfer prices by using general information on costs, pricing or similar calculation data or centrally collected data. When reviewing income allocations these systems of calculation may be used, provided that they achieve the same results, with adequate accuracy, as arm's length dealings would do. This requires that

a) the systems of calculation are sufficiently differentiated and that they and their application lend themselves to easy and complete checking in detail,
b) the systems of calculation ensure a complete and correct reflection of the income earned domestically, and
c) the enterprises review the information and data contained in their systems of calculation at adequate intervals and adapt them to changed circumstances.

Calculation systems shall be checked as to their logic and their appropriate application to individual transactions. Cl. 2.3. ist to be observed.

2.4.4. When applying these principles

a) due regard has to be given to the actual functions of the respective related enterprises within a group;

b) kann ein Unternehmen sich nicht auf eine Standardmethode berufen, die zu den Gegebenheiten des Marktes und des Unternehmens in Widerspruch steht;

c) kann ein Unternehmen sich auf die Anwendung einer bestimmten Methode nur berufen, wenn es die erforderlichen Unterlagen vorlegt;

d) soll ein Unternehmen von einer sachgerechten Art der Ermittlung seiner Verrechnungspreise und von sachgerechten Berechnungssystemen nicht willkürlich abweichen.

2.4.5. Bei der Anwendung der vorstehenden Grundsätze können die Betriebsergebnisse, die der Steuerpflichtige, ihm Nahestehende oder Fremde unter vergleichbaren betrieblichen Bedingungen aus vergleichbaren Geschäften mit Fremden erzielt haben, herangezogen werden, um besondere Prüfungsfelder zu ermitteln, Verrechnungspreise zu verproben oder sonstige Anhaltspunkte für die Einkunftsabgrenzung zu gewinnen. Zu diesen Zwecken können auch die Gesamtergebnisse zusammenhängender Geschäftsbereiche und ihre Aufteilung auf die einzelnen Geschäftsbereiche von Unternehmensgruppen herangezogen werden. Die Ergebnisse im Sinne der Sätze 1 und 2 können der Einkunftsabgrenzung selbständig zugrunde gelegt werden, wenn die Anwendung der Standardmethoden wegen besonderer Umstände (z. B. bei einer Ware oder Warengruppe, die zu einem ganz wesentlichen Teil nur innerhalb vertikal gegliederter Unternehmensgruppen angeschafft oder hergestellt, weiterverarbeitet und vertrieben wird) nicht zu sachgerechten Ergebnissen führen würde, ferner in den Fällen der Tz. 2.4.6. sowie bei Schätzungen (z. B. nach § 1 Abs. 3 AStG)[85].

2.4.6. In besonderen Fällen ist es nicht möglich, die tatsächlichen Verhältnisse mit einer gleichartigen Situation unter Fremden zu vergleichen, vor allem wenn die Geschäftsbeziehungen in dieser Art zwischen Fremden nach Maßgabe der Tz. 2.1.1 nicht oder nur mit einem wesentlich anderen wirtschaftlichen Gehalt zustande gekommen wären. In solchen Fällen ist der Einkunftsabgrenzung eine angemessene Aufteilung der Einkünfte aus den Geschäftsbeziehungen zugrunde zu legen, wie sie ordentliche Geschäftsleiter vereinbart hätten.

---

85 Siehe Seite 38 f.

b) an enterprise may not invoke a standard method which is at variance with the conditions of the market and of the enterprise proper;

c) an enterprise may invoke a specific method only if it submits the records required;

d) an enterprise must not arbitrarily deviate from appropriate ways of establishing its transfer prices and from appropriate systems of calculation.

2.4.5. When applying the above principles the examiner may also revert to business results generated by the taxpayer, by persons related with him or by third parties, under comparable business conditions from comparable transactions with unrelated parties, in order to ascertain specific areas of investigation, to reconcile transfer prices or to gain other criteria for the allocation of income. For this purpose, the examiner may look into the total results of connected business divisions of a group and their allocation to the individual divisions. The findings wihtin the meaning of the first and the second sentences above may be directly applied for purposes of allocating income should the standard methods not generate adequate results due to special circumstances (for instance in the case of goods or classes of goods which are predominantly bought or produced, processed or distributed only within vertically structured groups of enterprises), as well as in cases referred to in Cl. 2.4.6. and where the tax base has to be estimated (for instance pursuant to § 1 (3) "Aussensteuergesetz"[85]).

2.4.6. There may be special cases where it is not possible to compare the actual facts with a similar arm's length situation, in particular where the transactions in question would not have occurred between unrelated parties as set out in Cl. 2.1.1. or, if they had occurred, would have differed substantially economically. In such cases the income from the transaction shall be allocated in an adequate manner as diligent managers would have agreed.

---

85 See page 39 f.

3. Warenlieferungen und Dienstleistungen

3.1. Lieferung von Gütern und Waren

3.1.1. Grundsatz

Liefert ein Unternehmen Güter oder Waren an ein nahestehendes Unternehmen, so ist Fremdpreis derjenige Preis, den Fremde für Lieferungen

- gleichartiger Güter oder Waren
- in vergleichbaren Mengen
- in den belieferten Absatzmarkt
- auf vergleichbarer Handelsstufe
- zu vergleichbaren Lieferungs- und Zahlungsbedingungen

unter den Verhältnissen wirtschaftlich vergleichbarer Märkte vereinbart hätten. Für die Anwendung der Standardmethoden gilt Tz. 2.4.1.

3.1.2. Maßgebende Verhältnisse

3.1.2.1. Bei der Prüfung des Verrechnungspreises sind alle Umstände des Einzelfalls zu berücksichtigen. Ihr sind insbesondere zugrunde zu legen

1. die besondere Art, Beschaffenheit und Qualität sowie der Innovationsgehalt der gelieferten Güter und Waren;
2. die Verhältnisse des Marktes, in dem die Güter oder Waren benutzt, verbraucht, bearbeitet, verarbeitet oder an Fremde veräußert werden;
3. die Funktionen und die Handelsstufen, die von den beteiligten Unternehmen tatsächlich wahrgenommen werden (vgl. Tz. 2.1.3.);
4. die Liefervereinbarungen, insbesondere über Haftungsverhältnisse, Zahlungsfristen, Rabatte, Skonti, Gefahrentragung, Gewährleistung usw.;
5. bei längerfristigen Lieferbeziehungen die damit verbundenen Vorteile und Risiken;
6. besondere Wettbewerbssituationen (vgl. z. B. Tz. 3.1.2.4. Satz 2).

Maßgebend sind die Verhältnisse aus der Sicht im Zeitpunkt des Vertragsabschlusses; bei langfristig zu erfüllenden Verträgen ist jedoch zu prüfen, ob unabhängige Dritte den damit verbundenen Risiken durch entsprechende Vereinbarungen (z. B. Preisgleitklauseln) Rechnung tragen würden.

3.1.2.2. Werden im Zusammenhang mit der Lieferung von Gütern oder Waren besondere Finanzierungsleistungen (z. B. nicht handelsübli-

3. Supply of Goods and Provision of Services

3.1. Supply of Goods and Merchandise

3.1.1. The Principle

In case an enterprise sells goods or merchandise to a related party, the arm's length price is the price which unrelated parties would have agreed for the supply of

– similar goods or merchandise

– of comparable volume

– destined for the market supplied

– on a comparable market level, and

– at comparable terms of sale and payment

given economically comparable market conditions. As to the application of the standard methods see Cl. 2.4.1.

3.1.2. Relevant Conditions

3.1.2.1. When reviewing transfer prices all the circumstances of the individual case are to be considered, in particular

1. the specific kind, characteristics and quality, as well as the innovative property of the goods and merchandise supplied;

2. the conditions of the market where the goods or merchandise are to be used, consumed, processed, or sold to unrelated parties;

3. the functions and the market levels actually occupied by the participating enterprises (see Cl. 2.1.3.);

4. the terms of sale, in particular concerning warranties, payment terms, rebates, discounts, risk, guarantees, etc.;

5. the benefits and risks emanating from long-term supply arrangements;

6. special competitive situations (see for instance Cl. 3.1.2.4., second sentence).

The situation existing at the time when the contract was concluded shall be controlling. However, in the case of contracts to be carried out over a longer period of time one has to check whether unrelated third parties would have hedged against the inherent risks of such contracts by making special arrangements (such as sliding price or escalator clauses).

3.1.2.2. Where special financing arrangements (such as payment terms unusual in the trade or financing of custimers), buyer's supplies or

che Zahlungsziele, Kundenfinanzierung), Beistellungen oder Nebenleistungen vereinbart, so hat der Fremdpreis dies zu berücksichtigen. Soweit über diese Leistungen gesonderte Verträge abgeschlossen werden, ist ein Vorteilsausgleich im Rahmen der Tz. 2.3. zulässig.

3.1.2.3. Sind Güter oder Waren unter Nutzung eines immateriellen Wirtschaftsgutes (z. B. eines gewerblichen Schutzrechts, eines Geschmacksmusterrechts, eines Urheberrechts, einer nicht geschützten Erfindung oder einer sonstigen die Technik bereichernden Leistung, eines Sortenschutzrechts, eines Geschäfts- oder Betriebsgeheimnisses oder eines ähnlichen Rechts oder Wertes) hergestellt worden, so liegt in deren Erwerb und dem anschließenden Gebrauch oder Verbrauch durch den Erwerber in der Regel keine Nutzung des immateriellen Wirtschaftsgutes; in diesen Fällen wird daher vom Erwerber keine Lizenzgebühr geschuldet. Wird dennoch eine Lizenzgebühr zwischen Hersteller und Erwerber verrechnet, so ist dies steuerlich grundsätzlich nicht anzuerkennen. Dies gilt jedoch nicht, wenn der Erwerber auf andere Weise durch den Gebrauch der Güter oder Waren ein weitergehendes immaterielles Wirtschaftsgut nutzt (z. B. ein Patent im Sinne der Tz. 5.1.1. Satz 2), die Güter oder Waren für ein patentrechtlich geschütztes Verfahren einsetzt oder aus ihnen ein anderes geschütztes Wirtschaftsgut herstellt. Auch in diesen Fällen darf jedoch die Überlassung der immateriellen Wirtschaftsgüter nicht bereits durch den Preis der Güter oder Waren mit abgegolten sein; ein Ausgleich von Vor- und Nachteilen bei der Überlassung und bei der Verrechnung der späteren Nutzung ist anzuerkennen.

3.1.2.4. Für die Anwendung der Standardmethoden sind Daten und Preise außer Betracht zu lassen, die durch besondere Wettbewerbssituationen beeinflußt sind und deshalb auf die in Frage stehende Geschäftsbeziehung nicht übertragen werden können. Dies gilt z. B. für Preise,

1. die sich auf abgeschlossenen Sondermärkten bilden, auf denen sich die Preise abweichend von dem Markt bilden, aus dem oder in den die Lieferung erfolgt;

2. bei denen im Zusammenhang mit der Markteinführung von Waren besondere Abschläge zugestanden werden;

3. die sich unter Umgehung oder außerhalb eines sonst bestehenden Patentschutzes bilden;

4. die durch behördliche Preisregulierungen oder vergleichbare Maßnahmen beeinflußt sind.

Diese Preise sind heranzuziehen, soweit sie nach Tz. 2.1.7. berichtigt werden können.

auxiliary services are agreed in connection with the supply of goods or merchandise, this has to be reflected in the arm's length price. To the extent that such transactions are covered by special contracts, set-offs are permissible within the scope set forth in Cl. 2.3.

3.1.2.3. If goods or merchandise were produced by using intangible property (such as industrial property rights, design patents, copyrights, know-how or other accomplishments enriching technology, a seed patent, a business or trade secret or similiar rights or property), then the purchase of such goods and their subsequent utilization or consumption by the buyer does not as a rule constitute a utilization of the intangible property so that the buyer does not owe a royalty therefor. Should a royalty nevertheless be agreed between manufacturer and buyer then this will in principle not be recognized for taxation purposes. This shall not apply, however, if the buyer, by using the goods or merchandise, otherwise makes use of another intangible property right (such as a patent within the meaning of Cl. 5.1.1., second sentence), or where the buyer employs the goods for patented processes or converts them into different products covered by a patent; provided that in these cases the price for the goods or merchandise bought does not already include the transfer of the intangible property. Benefits received may be set off against benefits provided in connection with such transfers and the payment for their use.

3.1.2.4. When employing the standard methods those data and prices shall be disregarded which are affected by special competitive situations and which can not therefore be considered in the context of the transaction under review. This refers, inter alia, to prices

1. established in closed markets where prices are formed differently from those markets where the goods are bought or sold;

2. which are offered at special reductions for purposes of market penetration;

3. established as a result of patent avoidance or outside an existing patent protection;

4. which were influenced by governmental price control or comparable measures.

The above prices are to be used to the extent that they can be adjusted pursuant to Cl. 2.1.7.

3.1.2.5. Der für die Einkunftsabgrenzung maßgebliche Fremdpreis kann von dem der Verzollung oder der Bemessung des Umsatzes bei der Einfuhr zugrunde liegenden Zollwert bzw. von den sonstigen Bemessungsgrundlagen für die Einfuhr im Sinne des § 11 UStG[86] abweichen (vgl. BFH-Urteil vom 1. 2. 1967 – BStBl. III S. 495).

3.1.3. Beispiele für die Anwendung der Standardmethoden

Beispiel 1

Ein Konzernunternehmen liefert an ein nahestehendes Vertriebsunternehmen, das als Eigenhändler auftritt, Fertigwaren, für deren internationale Lieferung vom Produzenten an Großhändler kein Marktpreis oder marktentstandener Preis festzustellen ist und mit deren Vertrieb im betreffenden Absatzgebiet ausschließlich das nahestehende Vertriebsunternehmen betraut ist. In diesem Fall wird im allgemeinen die Wiederverkaufspreismethode anzuwenden sein, wenn die Beteiligten bei Fremdverkäufen den beiderseitigen Preisvorstellungen einen bestimmten Funktionsrabatt an Alleinvertreter zugrunde legen. Vertriebsunternehmen sind Unternehmen, die die Ware ohne wesentliche Be- oder Verarbeitung weiterveräußern.

Beispiel 2

Ein Konzernunternehmen liefert Halbfertigfabrikate an ein verbundenes Herstellungsunternehmen auf einer nachgeordneten Herstellungsstufe. Ein Markt für derartige Produkte besteht nicht. In diesem Fall wird im allgemeinen die Kostenaufschlagsmethode anzuwenden sein, wenn Fremde unter gleichartigen Verhältnissen bei ihren Wertvorstellungen von den Kosten der Ware zuzüglich eines entsprechenden Gewinnaufschlages ausgehen.

Beispiel 3

Ein Unternehmen lagert spezielle Teile seiner Fertigung auf eine ausländische Tochtergesellschaft aus. Die Produktion und der Vertrieb durch die ausländische Gesellschaft erfolgen in enger Anbindung an den Betrieb des inländischen Unternehmens. Die Produktion wird von der Muttergesellschaft langfristig abgenommen. Die Tochtergesellschaft mit ihrer eingeschränkten Produktionsbreite wäre als unabhängiges Unternehmen auf Dauer nicht lebensfähig. Unter Fremden wäre die Produktion in Lohnfertigung übertragen worden (vgl. auch Tz. 2.1.2.). Dementsprechend kann der Verrechnungspreis durch die Kostenaufschlagsmethode ermittelt werden.

---

86 § 11 Umsatzsteuergesetz behandelt die Bemessungsgrundlage für die Einfuhr für Zwecke der Umsatzsteuer.

3.1.2.5. The arm's length price governing income allocations may deviate from the customs value or from other valuation bases relevant for importations within the meaning of § 11 Turnover Tax Law[86], respectively, and which are relevant for tariff or importation turnover tax purposes (see Federal Tax Court decision of 1 February 1967, BStBl. III p. 495).

3.1.3. Examples for the Application of the Standard Methods

Example 1

A member of a group sells finished products to a related sales company acting as a distributor. For these finished products no market price or price established in markets can be ascertained relating to international sales by producers to wholesalers. The related sales company enjoys exclusive distribution rights for these products in its territory. In this case the resale price method would generally appear appropriate should the parties concerned consider granting a certain functional rebate to exclusive agents when making arm's length sales. Sales companies are enterprises which resell merchandise without substantial processing.

Example 2

A member of a group sells semi-finished goods to a related manufacturer on a lower manufacturing level. There is no market for like products. In this case the cost plus method would generally appear appropriate if unrelated parties would value the goods at cost plus a corresponding profit mark-up in comparable situations.

Example 3

An enterprise causes its foreign subsidiary to manufacture certain parts of its production line. Both the production and the sales by the foreign company are aligned with the domestic enterprise which would buy the former's products on a long-term basis. Given its narrow scope of production, the subsidiary could not survive at any length of time as an independent enterprise. Unrelated parties would have entered into a contract manufacturing arrangement (see also Cl. 2.1.2.). Consequently, the transfer price can be ascertained by using the cost plus method.

---

86 § 11 Turnover Tax Law sets forth the tax basis for value added tax purposes of imported goods.

3.2. Gewerbliche Dienstleistungen

3.2.1. Grundsatz

Erbringt ein Unternehmen gewerbliche Dienstleistungen an ein nahestehendes Unternehmen, so gelten die Tz. 3.1.2. und 3.1.3. entsprechend. Die Bestimmungen über die Marktstufe gelten nur insoweit, als marktüblicherweise Unterschiede zwischen verschiedenen Gruppen von Auftraggebern gemacht werden.

3.2.2. Sonderbereiche

Für Dienstleistungen im Bereich der Forschung und der Entwicklung ist Tz. 5., für verwaltungsbezogene Leistungen Tz. 6 anzuwenden.

3.2.3. Preisvergleichs-, Wiederverkaufspreis- und Kostenaufschlagsmethode

3.2.3.1. Bei gewerblichen Dienstleistungen sind branchenübliche Preise wegen der Differenzierung der Leistungen meist nur bei vertretbaren Leistungen oder auf Sondergebieten festzustellen (Beispiele: Transport und Versicherung). Hierbei sind die Formen der Preisgestaltung zu beachten, die sich in besonderen Bereichen des Dienstleistungssektors herausgebildet haben.

3.2.3.2. Wenn Vergleichspreise fehlen, ist in der Regel die Kostenaufschlagsmethode anzuwenden. (Grund: Leistungen werden in der Regel nicht weiterveräußert, so daß die Wiederverkaufspreismethode ausscheidet.)

3.2.3.3. Stehen Dienstleistungen im Zusammenhang mit Warenlieferungen, so können sie nicht gesondert verrechnet werden, wenn sie üblicherweise zwischen Dritten durch den Warenpreis abgegolten sind (z. B. Garantie-, Wartungs- oder branchenübliche Kulanzleistungen). Im übrigen gilt Tz. 3.1.2.2. entsprechend.

3.3. Kosten der Werbung

3.3.1. Die Kosten einer Werbemaßnahme sind von demjenigen nahestehenden Unternehmen zu tragen, für dessen Aufgabenbereich durch diese Maßnahme geworben wird. Führt ein Unternehmen Aufgaben der Werbung für ein nahestehendes Unternehmen durch, so können die hierbei erbrachten Leistungen

a) als gewerbliche Dienstleistungen verrechnet werden (Tz. 3.2.), soweit sie nach Art und Umfang den Leistungen eigenständiger Werbeunternehmen entsprechen (z. B. selbständige Durchführung der Gesamtwerbung einschließlich der Herstellung von Werbeträgern, Werbevorlagen usw.);

3.2. Commercial Services

3.2.1. The Principle

Where an enterprise renders commercial services to a related enterprise, Cl. 3.1.2. and 3.1.3. shall apply correspondingly. The provisions regarding market levels shall only apply to the extent that it is customary on the market for differences to be made between different groups of customers.

3.2.2. Special Areas

Regarding research and development services Cl. 5, and regarding administrative services Cl. 6, shall apply.

3.2.3. Comparable Uncontrolled Price Method, Resale Price Method and Cost Plus Method

3.2.3.1. As regards commercial services, prices customary in the trade can, as a rule, not be ascertained due to the large variety of these services, except for services generally available in the market place and for special areas (examples: transportation and insurance). In these cases the specific pricing methods have to be observed which specific sectors of commercial service industries have developed.

3.2.3.2. Absent arm's length prices, the cost plus method shall normally be used (reason: services bought are not normally resold, which excludes the resale price method).

3.2.3.3. Where services are connected with the supply of goods no special charges are permissible for the services if in the case of unrelated parties they are normally covered by the price for the goods (such as guarantees, maintenance services or customary fair dealings). Otherwise Cl. 3.1.2.2. shall apply correspondingly.

3.3. Advertising Costs

3.3.1. The costs of advertising are to be borne by the related enterprise whose functions are advertised. Where an enterprise engages in advertising for a related enterprise, the services so rendered may

a) be paid for like commercial services (Cl. 3.2.), to the extent corresponding in nature and scope with those of independent advertising agencies (for instance: providing for the entire range of advertising services including the production of advertising media, copies, etc.);

b) im übrigen nach den Grundsätzen über verwaltungsbezogene Leistungen (Tz. 6.) verrechnet werden.

3.3.2. Die vorstehenden Grundsätze gelten auch für nahestehende Herstellungs- und Vertriebsunternehmen. Soweit Werbemaßnahmen zum Aufgabenbereich beider Unternehmen gehören, ist zu prüfen, ob der Werbeaufwand zwischen den beteiligten Unternehmen angemessen aufgeteilt worden ist. Dabei können Vorteile bei der Kostentragung für Werbemaßnahmen mit Preisvereinbarungen beim Bezug der Ware ausgeglichen werden oder umgekehrt. Für diesen Ausgleich gilt Tz. 1.4.

3.3.3. Es ist nicht zu beanstanden, wenn nahestehende Unternehmen die Kostenaufteilung im Konzern aufgrund eines mittel- oder längerfristigen Werbekonzeptes durch besondere Verrechnungsverträge regeln. Derartige Regelungen sind nach Tz. 2.4.3. und ggf. nach Tz. 7. zu prüfen.

3.4. Kosten der Markterschließung

3.4.1. Für die Einführung von Produkten entstehen bei Herstellungs- und deren Vertriebsunternehmen während des Einführungszeitraumes häufig erhöhte Kosten oder Mindererlöse. Unter Fremden werden sie in der Regel vom Vertriebsunternehmen nur insoweit getragen, als ihm aus der Geschäftsverbindung ein angemessener Betriebsgewinn verbleibt.

3.4.2. Unter Fremden werden solche Kosten oder Erlösminderungen auch derart aufgeteilt, daß

a) das Vertriebsunternehmen diese Kosten oder Erlösminderungen in größerem Umfange trägt und ihm dafür Lieferpreise eingeräumt werden, durch die es nach dem Einführungszeitraum seine Gewinnausfälle in überschaubarer Zeit ausgleichen kann, oder

b) der Hersteller diese Kosten oder Erlösminderungen in größerem Umfange trägt und nach dem Einführungszeitraum seine Gewinnausfälle in überschaubarer Zeit ggf. durch höhere Lieferpreise ausgleichen kann.

Der hierbei vorzusehende Ausgleich zwischen Herstellungs- und Vertriebsunternehmen wird in aller Regel im vorhinein aus Rentabilitätsberechnungen abgeleitet und vertraglich abgesichert. Unter diesen Voraussetzungen kann auch eine derartige Aufteilung zwischen Nahestehenden der Einkunftsabgrenzung zugrunde gelegt werden.

3.4.3. Kosten und Erlösminderungen, die dadurch entstehen, daß ein Vertriebsunternehmen durch Kampfpreise oder ähnliche Mittel seinen Marktanteil wesentlich erhöhen oder verteidigen will, sind grundsätzlich vom Hersteller zu tragen.

b) in all other cases be paid for following the principles concerning administrative services (Cl. 6.).

3.3.2. The above principles also apply to related manufacturing and sales enterprises. To the extent that advertising projets relate to the functions of both enterprises, it has to be ascertained whether the costs of advertising have been adequately shared between the two. Benefits from the cost allocation of advertising projects may be balanced with price arrangements for the supply of goods, or vice-versa. To such set-offs Cl. 1.4. applies.

3.3.3. No objections will be raised if related enterprises enter into special pricing arrangements for allocating advertising costs within a group based on a medium or long-term advertising concept. Such arrangements will be reviewed in accordance with Cl. 2.4.3. and if applicable Cl. 7.

3.4. Market Penetration Costs

3.4.1. Both producing and marketing enterprises would frequently incur higher costs or reduced revenues in order to introduce new products into the market during the penetration period. An unrelated marketing enterprise would, as a rule, bear such expenses only if it still generates a reasonable profit from the transactions.

3.4.2. Unrelated parties would also split such costs or income reductions in the following manner:

a) The marketing enterprise would bear a larger share of these costs or income reductions and would in return be granted prices enabling it to balance its losses of profits within a foreseeable time after the penetration period, or

b) the manufacturer would bear a larger share of these costs or income reductions and would eventually be able to balance its losses of profits within a foreseeable time after the penetration period by charging higher prices.

It is customary for producing and marketing enteprises to deduce the envisaged balancing from cost calculations and to enter into corresponding undertakings beforehand. If these requirements are met, such a splitting may also be recognized for the allocation of income among related parties.

3.4.3. Costs and income reductions resulting from the fact that a marketing enterprise would attempt to considerably increase or defend its market share by way of price cuts or similar measures are to be borne by the manufacturer as a matter of principle.

3.5. Anlaufkosten

In der Erwartung, daß in späteren Wirtschaftsjahren Gewinne erzielt werden können, werden bei neu gegründeten Gesellschaften oder bei Gesellschaften, die erweitert oder wesentlich umorganisiert werden, sogenannte Anlaufkosten in Kauf genommen. Derartige Kosten sind grundsätzlich von der neu gegründeten, erweiterten oder umorganisierten Gesellschaft zu tragen.

Für Kosten und Erlösminderungen, die während der Anlaufphase durch die Einführung von Produkten entstehen, gilt Tz. 3.4.

4. Zinsen und ähnliche Vergütungen

4.1. Allgemeines

Bei Finanzierungsleistungen unter Nahestehenden ist zunächst zu prüfen, ob eine ernst gemeinte Darlehensgewährung oder eine verdeckte Gewinnausschüttung bzw. verdeckte Einlage (verdecktes Kapital) gegeben ist. Nur bei einer ernst gemeinten Darlehensgewährung kommt steuerlich die Verrechnung von Zinsen in Betracht.

Eine verdeckte Gewinnausschüttung bzw. eine verdeckte Einlage (verdecktes Kapital) ist anzunehmen, sofern mit einer Rückzahlung von vornherein nicht ernsthaft zu rechnen war (BFH-Urteil vom 16. 9. 1958 – BStBl. III S. 451). Verdecktes Kapital ist ferner dann anzunehmen, wenn im Einzelfall aus rechtlichen oder wirtschaftlichen Gründen diese Form der Zuführung von Gesellschaftskapital allein möglich ist oder wenn sich die schuldrechtliche Vertragsgestaltung als so ungewöhnlich erweist, daß sie als Gestaltungsmißbrauch im Sinne des § 42 AO[87] angesehen werden muß.

4.2. Maßgebende Zinssätze

4.2.1. Gewährt eine Person einem Nahestehenden Kredite (z. B. Darlehen, Hypotheken, Warenkredite, Kontokorrentkredite), so ist Fremdpreis der Zins, zu dem Fremde unter vergleichbaren Bedingungen den Kredit am Geld- oder Kapitalmarkt gewährt hätten (vgl. BFH-Urteil vom 25. 11. 1964 – BStBl. 1965 III S. 176). Bei der Prüfung ist von den Zinssätzen auszugehen, zu denen Banken unter vergleichbaren Verhältnissen Fremden Kredite gewähren (Sollzins).

4.2.2. Bei der Prüfung der Zinsen sind alle Umstände des Einzelfalles zu berücksichtigen. Ihr sind insbesondere zugrunde zu legen

---

87 Siehe Fußnote 64.

3.5. Start-Up Costs

Newly formed companies or companies which have been expanded or materially reorganized would accept the incurrence of start-up costs with the expectation that they will make profits in later fiscal years. Such costs are to be borne by the newly formed, expanded or reorganized company as a matter of principle.

As regards costs and reductions of income incurred in the start-up period and resulting from the introduction of new products, Cl. 3.4. applies.

4. Interest and Similar Charges

4.1. General

If loans are advanced between related parties, the first question is whether a real loan was intended or whether a constructive dividend or constructive contribution (hidden capital) occurred. Only in the case of seriously intended loans will interest charges be recognized taxwise.

A constructive dividend or a constructive contribution (hidden capital) shall be assumed if it could not seriously be expected from the outset that the principal would be paid back (Federal Tax Court decision of 16 September 1958, BStBl. III p. 451) Contribution of hidden capital is further to be assumed if in a particular case this form of advancing capital funds was the only possible form due to legal or economic reasons or if the contractual terms can be shown to be so unusual that they must be looked upon as a misuse of form under § 42 General Tax Code[87].

4.2. Relevant Interest Rates

4.2.1. If a person grants credits (such as civil law loans, mortgages, trade credits, current account credits) to a related party, the arm's length price shall be the rate of interest at which unrelated parties would have granted this credit under comparable circumstances in money or financial markets (see Federal Tax Court decision of 25 November 1964, BStBl. 1965 III p. 176). The rates of interest at which banks would grant credits to unrelated parties in comparable circumstances (debt interest) shall govern.

4.2.2. In reviewing the interest rates all the circumstances of the individual case shall be considered, in particular

---

87 See footnote 64.

1. Kredithöhe und Laufzeit;
2. Art und Zweck des Kredites;
3. Sicherheiten und Kreditwürdigkeit des Schuldners (unter Berücksichtigung von Sonderkonditionen, die auch Fremde dem Schuldner im Hinblick auf dessen Zugehörigkeit zum Konzern einräumen würden);
4. die Kreditgewährung, die Wechselkursrisiken und -chancen (vgl. dazu Tz. 4.2.3.) und etwaige Kurssicherungskosten;
5. bei durchgeleiteten Krediten die Refinanzierungskosten (vgl. hierzu i. ü. Tz. 4.3.3.);
6. sonstige Umstände der Kreditgewährung, insbesondere die Verhältnisse auf den Kapitalmärkten (vgl. hierzu insbesondere Tz. 4.2.4.).

Die Umstände des Einzelfalls können es notwendig machen, andere als die in Tz. 4.2.1. genannten Zinssätze heranzuziehen, sofern sich auch Fremde an ihnen ausrichten würden. Ergibt die Prüfung, daß für den Zinssatz eine Bandbreite bestand, so sind die Tz. 2.1.8. und 2.4.6. zu beachten.

4.2.3. Ist der Kredit in ausländischer Währung gegeben worden, so sind bei der Anwendung der Tz. 4.2.1. und 4.2.2. die Zinssätze im Währungsgebiet der ausländischen Währung heranzuziehen, wenn auch Fremde den Kredit unter vergleichbaren Umständen in dieser Währung vereinbart hätten. Heranzuziehen sind ferner Maßnahmen, die Fremde zur Verteilung des Wechselkursrisikos getroffen hätten (z. B. durch Wertsicherungsklauseln oder Devisentermingeschäfte auf Kosten des Darlehensnehmers).

4.2.4. Hätte der Steuerpflichtige den Kredit in der dem Kreditvertrag zugrunde liegenden Währung auf einem anderen Geld- oder Kapitalmarkt als dem des Währungsgebietes der Kreditwährung zu einem für ihn günstigeren Zinssatz aufnehmen oder vergeben können, so sind diese Zinssätze mit heranzuziehen.

4.2.5. Maßgebend sind die Verhältnisse im Zeitpunkt der Kreditgewährung. Es ist jedoch zu prüfen, ob bei mittel- oder langfristigen Krediten Schwankungen im Zinsniveau in der unter Fremden üblichen Weise Rechnung getragen ist (z. B. durch Kündigungs- oder Zinsanpassungsklauseln).

4.2.6. Bei der Prüfung kann von an sich gebotenen Beanstandungen abgesehen werden, wenn wegen zwingender Rechtsvorschriften im Sitzstaat des Nahestehenden oder aus ähnlichen Gründen, die außerhalb des Kreditverhältnisses liegen, statt einer an sich gebotenen Zuführung von Eigenkapital ein zinsloses oder zinsgünstiges Darlehen gewährt wird. Wird

1. amounts and maturities;
2. nature and purpose of the loan;
3. the security involved and the credit standing of the borrower (considering also special conditions which unrelated parties would likewise have conceded to this borrower in view of its belonging to this group);
4. the currency involved, rate of exchange risks and opportunities (see Cl. 4.2.3.), and hedging costs, if any;
5. in the case of transmitted credits, the costs of refinancing (see also Cl. 4.3.3. in this context);
6. other circumstances involved in granting the credit, in particular the prevailing conditions in financial markets (see in particular Cl. 4.2.4.)

The circumstances of the individual case may make it necessary to revert to other interest rates than those stated in Cl. 4.2.1., provided that unrelated parties would also allow themselves to be guided by them. Should the examination reveal that there was a spread of interest rates, then Cl. 2.1.8. and 2.4.6. shall be observed.

4.2.3. Where a loan has been granted in a foreign currency, then in applying Cl. 4.2.1. and 4.2.2. the interest rates in the currency area of the foreign currency shall be used, provided that unrelated parties would also have agreed the loan in this currency under comparable circumstances. There shall also be considered such measures as unrelated parties would have taken for purposes of splitting the rate of exchange risk (for instance by way of escalator clauses or forward exchange dealings at the borrower's cost).

4.2.4. In case the taxpayer could have borrowed or loaned the funds, respectively, in the same currency as agreed in the loan agreement but in a money or financial market other than the currency area of the currency involved at interest rates more favourable to the taxpayer, then these interest rates shall also be considered.

4.2.5. The circumstances prevailing at the time the loan was granted are decisive. It has to be checked, however, whether in the case of medium or long-term loans variations in the level of interest have been taken into account in the manner customary among unrelated parties (by way of termination clauses or interest adjustment clauses, or the like).

4.2.6. The examiner may drop objections which would otherwise be warranted in cases where an interst-free or low interst loan has been granted instead of a contribution of equity capital which would really have been required, provided that the course chosen was necessitated by mandatory provisions of law in the country of residence of the related party or by other

von dieser Regelung Gebrauch gemacht, so kann die Zinslosigkeit oder niedrige Verzinslichkeit als solche keine Teilwertabschreibung des Darlehens begründen.

4.3. Einzelfragen

4.3.1. Bei Forderungen aus Lieferungen und Leistungen ist zu prüfen, ob

– die Verrechnung von Zinsen handelsüblich ist,

– die Geschäftspartner bei vergleichbaren Geschäften in Gegenrichtung Zinsen berechnen.

Im übrigen bleibt Tz. 4.2. unberührt.

4.3.2. Kredite werden u. U. aus betrieblichen Gründen, die außerhalb des Kreditverhältnisses liegen, zinslos oder zu einem ermäßigten Zins gegeben. Dies kann z. B. der Fall sein, wenn

a) die Muttergesellschaft einem nahestehenden Vertriebsunternehmen zur Förderung des Absatzes ihrer Erzeugnisse einen zinslosen Warenkredit gewährt;

b) das nahestehende Vertriebsunternehmen wirtschaftlich nicht in der Lage ist, aus eigenen Mitteln ein behördlich vorgeschriebenes Depot zur Erlangung von Einfuhrgenehmigungen für Erzeugnisse der Muttergesellschaft zu errichten und deshalb von dieser ein zinsloses Darlehen erhält.

Bei der Prüfung ist darauf zu achten, daß in dem Verhältnis, das der Zinsgestaltung zugrunde liegt, nach Maßgabe der Tz. 2.3. ein angemessener Ausgleich erfolgt.

4.3.3. Schaltet ein inländisches Unternehmen einen ausländischen Nahestehenden bei der Aufnahme von Mitteln auf einem ausländischen Markt ein, so gilt folgendes: Handelt der Nahestehende

a) als Agent oder Kommissionär, so ist die Aufnahme der Mittel im Ausland unmittelbar dem inländischen Unternehmen zuzurechnen. Der Nahestehende hat lediglich einen seiner Tätigkeit angemessenen Provisionsanspruch gegen das inländische Unternehmen. Ein Handeln des Nahestehenden als Agent ist insbesondere dann anzunehmen, wenn er in eigenem Namen für das inländische Unternehmen Mittel auf zinsgünstigen Kapitalmärkten aufnimmt;

b) als Kreditgeber, so sind die von dem inländischen Unternehmen an den Nahestehenden zu zahlenden Zinsen nach Tz. 4.2.1. und 4.2.2. zu bemessen;

c) als Buchungsstelle oder überläßt er seinen Namen, so hat er keine zu vergütende Leistung erbracht. Es kann auch keine Buchungsgebühr an-

reasons outside the credit arrangement. When this rule is invoked, the mere fact that the loan is interest-free or generates only a low interst does not entitle the lender to write the loan off down to its going concern value.

4.3. Special Issues

4.3.1. In the case of trade receivables it should be investigated whether
– the charging of interest is customary in the trade,
– the parties to the transaction would also charge interest in the reverse direction in the case of comparable transactions.
Except for the above, Cl. 4.2. shall remain unaffected.

4.3.2. Sometimes credits are granted without interest or at a reduced interest rate due to business reasons outside the credit arrangement. This may, for instance, be the case where

a) a parent company would grant its related marketing enterprises interest-free payment terms for supplies to support its sales;

b) the related marketing enterprise is lacking own financial means to set up a deposit required by law to obtain import licences for products of the parent company, and hence the former obtains an interest-free loan from the latter.

When reviewing these cases due regard must be given to the question whether an adequate set-off is being made (Cl. 2.3.) in the course of the underlying transactions.

4.3.3. In case a domestic enterprise employs a related foreign party in seeking funds in a foreign market, the following shall apply: If the related party acts

a) as a commission agent or broker, the domestic enterprise shall be deemed to have borrowed the funds directly in the foreign country. The related party is only entitled to a reasonable commission for its services payable by the domestic enterprise. The related party shall in particular be deemed to have been acting as a commission agent if it borrowed the funds in its own name but for the domestic enterprise in financial markets with favourable interest rates;

b) as the lender, the interest payable by the domestic enterprise to the related party shall be assessed in accordance with Cl. 4.2.1. and 4.2.2.;

c) as an accounting office or if it merely permits its name to be used, it has not rendered a service worth a consideration. Booking charges can also

erkannt werden, da die Mittelaufnahme ein beim inländischen Unternehmen zu buchender Geschäftsvorfall ist.

4.3.4.   Schaltet ein ausländisches Unternehmen einen inländischen Nahestehenden in Kreditgeschäfte oder zum Ausnutzen besonderer Anlagemöglichkeiten im Inland ein, so gilt Tz. 4.3.3. sinngemäß.

4.4. Bürgschaften und ähnliche Verpflichtungen

4.4.1. Übernimmt eine Person für einen Nahestehenden eine Bürgschaft, so können die hieraus erwachsenden Rechtsfolgen (z. B. spätere Bürgschaftszahlungen) die Einkünfte dieser Person steuerlich nur dann mindern, wenn diese die Bürgschaft bei Anwendung der Sorgfalt eines ordentlichen Geschäftsleiters auch für einen Fremden übernommen hätte (BFH-Urteil vom 19. 3. 1975 – BStBl. II S. 614); dies setzt voraus, daß die Bürgschaftsübernahme einen außerhalb des Geschäftsverhältnisses liegenden wirtschaftlichen Grund hat.

4.4.2. Sofern die Voraussetzungen der Tz. 4.4.1. gegeben sind, ist für die Übernahme der Bürgschaft eine Provision anzusetzen, soweit eine solche auch zwischen Fremden vereinbart worden wäre (vgl. BFH-Urteil vom 19. 5. 1982 – BStBl. II S. 631). Dies ist z. B.

1. dann gegeben, wenn die Bürgschaft dem begünstigten Schuldner einen Vorteil bringt, insbesondere eigene Finanzierungskosten erspart oder den Zugang zu einem bestimmten Kapitalmarkt eröffnet. Eine Bürschaftsprovision ist danach z. B. anzusetzen, wenn die Bürgschaft für eine Finanzierungsgesellschaft übernommen wird, die auf ausländischen Kapitalmärkten Anleihen aufnimmt, um mit diesen Mitteln Invstitionen des Konzerns zu finanzieren;

2. dann nicht gegeben, wenn der Bürge die Bürgschaft einem Fremden im eigenen betrieblichen Interesse unentgeltlich gewährt hätte. Ein solches betriebliches Interesse des Bürgen kann in bestimmten Fällen der Übernahme einer Bürgschaft zugunsten eines Vertriebsunternehmens bestehen.

4.4.3. Die vorstehenden Grundsätze gelten für andere Verpflichtungen (z. B. Patronatserklärungen) entsprechend, sofern diese Verpflichtungen den Charakter einer Bürgschaft haben.

not be recognized since the borrowing is a transaction to be booked by the domestic enterprise.

4.3.4. In case a foreign enterprise employs a domestic related party in connection with loan transactions or for purposes of utilizing special domestic investment possibilities, Cl. 4.3.3. shall apply correspondingly.

4.4. Guarantees and Similar Undertakings

4.4.1. If a person stands security for a related person, the resulting consequences (such as future payments on the guarantee) may diminish the person's income for tax purposes only if the person, by applying the care of a diligent manager, would have assumed the guarantee for an unrelated party as well (Federal Tax Court decision of 19 March 1975, BStBl. II p. 614); this requires that the guarantee has been assumed for economic reasons beyond the shareholder-corporation relationship.

4.4.2. Where the prerequisites of Cl. 4.4.1. are met, a commission shall be charged for the guarantee undertaking to the extent that a commission would also have been agreed between unrelated parties (see Federal Tax Court decision of 19 May 1982, BStBl. II p. 631). This is, for instance,

1. the case where the guarantee results in a benefit to the debtor, in particular by saving financing costs of his own or where it opens access to certain financial markets. A commission would thus have to be charged for example where the guarantee has been assumed for a financing institution which would place debentures in foreign financial markets for purposes of financing investments of the group;

2. not the case where the guarantor would have furnished the guarantee to an unrelated party free of charge in the guarantor's own business interest. Such business interests of the guarantor may in certain cases exist where the guarantee has been assumed in favour of a marketing enterprise.

4.4.3. The above principles shall apply correspondingly to other undertakings (such as stand-by letters), provided that such undertakings qualify as guarantees.

5. Nutzungsüberlassung von Patenten, Know-how oder anderen immateriellen Wirtschaftsgütern; Auftragsforschung

5.1. Allgemeines

5.1.1. Wird einem nahestehenden Unternehmen ein immaterielles Wirtschaftsgut (vgl. Tz. 3.1.2.3.) zur Nutzung überlassen, so ist hierfür der Fremdpreis anzusetzen. Dies gilt auch dann, wenn das empfangende Unternehmen das immaterielle Wirtschaftsgut nicht nutzt, aber einen wirtschaftlichen Nutzen daraus erzielt oder voraussichtlich erzielen wird (z. B. Sperrwirkung bei Vorrats- und Sperrpatenten). Wegen des Rechts auf Führung des Konzernnamens vgl. Tz. 6.3.2.

5.1.2. Die Verrechnung von Nutzungsentgelten ist steuerlich nicht anzuerkennen, wenn die Nutzungsüberlassung im Zusammenhang mit Lieferungen oder Leistungen steht, bei denen unter Fremden die Überlassung der immateriellen Wirtschaftsgüter im Preis der Lieferung oder Leistung mit abgegolten ist; ein Ausgleich von Vor- und Nachteilen bei gesonderter Inrechnungstellung von Lieferungen und Leistungen einerseits und für derartige Schutzrechtsüberlassungen andererseits ist anzuerkennen.

5.1.3. Überläßt der Nutzungsberechtigte seinerseits dem Überlasser eine nicht geschützte, die Technik bereichernde oder eine ähnliche Leistung (Know-how), die bei dem Nutzungsberechtigten im Zuge der Nutzung anfällt, so ist dies bei der Prüfung des Entgelts zu berücksichtigen. Überläßt er Know-how unabhängig von der Nutzung, so ist dies wie unter Fremden zwischen den Beteiligten zu verrechnen.

5.2. Ableitung der Fremdpreise

5.2.1. Bei der Verrechnung ist von den tatsächlichen zur Nutzung überlassenen einzelnen immateriellen Wirtschaftsgütern auszugehen. Die von einem Lizenznehmer genutzten immateriellen Wirtschaftsgüter können grundsätzlich nur zusammengefaßt werden, wenn sie technisch und wirtschaftlich eine Einheit bilden.

5.2.2. Die Fremdpreise für die Überlassung der immateriellen Wirtschaftsgüter sind grundsätzlich durch den Ansatz von Nutzungsentgelten aufgrund einer sachgerechten Bemessungsgrundlage (z. B. Umsatz, Menge, Einmalbetrag) zu verrechnen. Für die steuerliche Prüfung kann, soweit möglich, das Bundesamt für Finanzen verkehrsübliche Vergütungsspannen für die Überlassung immaterieller Wirtschaftsgüter ermitteln. Bei ihrer Anwendung ist davon auszugehen, daß unter Fremden bei der Nutzungsüberlassung immaterieller Wirtschaftsgüter die Bedingungen differenziert ausgehandelt werden.

5. Transfers of Patents, Know-how, or Other Intangible Property; Research Undertakings

5.1. General

5.1.1. If intangible property (see Cl. 3.1.2.3.) is transferred to a related party for use, an arm's length consideration has to be charged therefor. This also applies where the recipient enterprise does not use the intangible property inself but where it derives or will presumably derive an economic benefit therefrom (example: the blocking effects of reserve patents or blocking patents). Regarding the right to use the group's firm name see Cl. 6.3.2.

5.1.2. Payments in respect of the use of intangible property will be disallowed for tax purposes where the transfer of the technology is connected with supplies or services if, in the case of unrelated parties, the transfer of the technology is included in the price for the supply or the services, respectively; if, however, supplies and services on the one hand and such transfer of technology on the other are being separately invoiced, then set-offs between benefits provided and benefits received will be recognized.

5.1.3. If the party entitled to use the technology in turn transfers unpatented accomplishments enriching technology or similar property (know-how) to the transferor which the former party develops in the course of using the technology received, then this fact shall be considered in reviewing the transfer price. Should the first party transfer know-how independently from its own use, then an arm's length price shall be charged therefor.

5.2. Determination of Arm's Length Prices

5.2.1. The consideration shall be based on the specific intangible property actually transferred for use. Several items of intangible property used by a licensee may in principle only be combined if they belong together both technically and economically.

5.2.2. Arm's length prices for the transfer of intangible property shall as a rule be determined in terms of royalties calculated on an appropriate basis (such as sales, quantities, lump-sum payments). For purposes of tax examination the Bundesamt für Finanzen [Federal Tax Office] may to the extent possible ascertain spreads of rates customary in the trade. When these are applied it should be noted that unrelated parties would negotiate the terms for transferring intangible property in a discriminative manner.

5.2.3. Läßt sich die Angemessenheit der vereinbarten Lizenzgebühr nach der Preisvergleichsmethode nicht hinreichend beurteilen, so ist bei der Prüfung davon auszugehen, daß eine Lizenzgebühr von dem ordentlichen Geschäftsleiter eines Lizenznehmers regelmäßig nur bis zu der Höhe gezahlt wird, bei der für ihn ein angemessener Betriebsgewinn aus dem lizensierten Produkt verbleibt.

Der ordentliche Geschäftsleiter wird diese Entscheidung in der Regel auf Grund einer Analyse über die Aufwendungen und Erträge treffen, die durch die Übernahme der immateriellen Wirtschaftsgüter zu erwarten sind. Zum Nachweis vgl. Tz. 9.

5.2.4. Die Kostenaufschlagsmethode kann bei Einzelabrechnungen in Ausnahmefällen in Betracht kommen. Die Kosten können als Schätzungsanhalt bei der Verprobung von Lizenzgebühren verwendet werden.

5.3. Auftragsforschung

Betreibt ein Unternehmen im Auftrag eines anderen Unternehmens Forschung und Entwicklung (Auftragsforschung), so kommen die Ergebnisse nicht dem forschenden, sondern dem auftraggebenden Unternehmen zugute. In diesen Fällen ist für die Bestimmung der Angemessenheit des Leistungsentgelts regelmäßig die Kostenaufschlagsmethode anzuwenden.

6. Verwaltungsbezogene Leistungen im Konzern

6.1. Allgemeines

Unter nahestehenden Unternehmen werden oft zentral oder regional durch die Muttergesellschaft, durch nachgeordnete Gesellschaften oder vergleichbare Einrichtungen für den Gesamtkonzern Aufgaben der Verwaltung, des Managements, der Kontrolle, der Beratung oder ähnliche Aufgaben wahrgenommen. Für diese Tätigkeiten können Entgelte in keinem Fall verrechnet werden, soweit sie ihren Rechtsgrund in den gesellschaftsrechtlichen Beziehungen oder in anderen Verhältnissen haben, die die Verflechtung begründen (vgl. Tz. 1.3.2.4. bis 1.3.2.7.). Nur soweit solche Einrichtungen daneben den ihnen nahestehenden Unternehmen Dienstleistungen erbringen, kommt eine Verrechnung nach den folgenden Grundsätzen in Betracht.

6.2. Voraussetzungen für die Verrechnung

6.2.1. Eine gesonderte Verrechnung ist möglich, wenn für die Leistungen außerhalb des gesellschaftsrechtlichen Verhältnisses (vgl. Tz. 6.1.) zwischen Fremden ein Entgelt gewährt worden wäre. Vom zahlenden Unter-

5.2.3. In the event that the adequacy of the agreed consideration can not be satisfactorily judged by using the comparable uncontrolled price method, then the examiner has to assume that a diligent manager of a licensee would usually accept the obligation to pay royalties only up to an amount which leaves a reasonable profit from the licensed product.

As a rule, a diligent manager would make this decision based on an analysis of costs and receipts to be expected from the transfer of the intangible property. As to evidence see Cl. 9.

5.2.4. In exceptional cases the cost plus method may be used where royalties are accounted for individually. The costs may serve as a point of reference when royalties are reconciled with the norm.

5.3. Research Untertakings

Where an enterprise engages in research and development at the request of another (research undertakings), the results would benefit the commissioning, rather than the commissioned, enterprise. In these cases, the cost plus method is usually appropriate for determining the adequacy of the consideration.

6. Administrative Services Within a Group

6.1. General

In a group of enterprises, administrative or managerial tasks, control functions, advisory or similar tasks are frequently performed, either centrally or regionally, by the parent company or by subsidiaries or by comparable institutions. For these services a consideration may in no event be charged to the extent that such services are rendered as a result of the shareholder-corporation relationship or due to other reasons causing the affiliation to exist (see Cl. 1.3.2.4. through 1.3.2.7.). Only to the extent that such institutions would perform services for related persons without regard to such relationship may such charges be recognized in accordande with the following principles.

6.2. Prerequisites for Charges

6.2.1. Individual charges are permissible if the services are not performed as a result of the shareholder-corporation relationship and if unrelated parties would have paid a consideration as well (see Cl. 6.1.). The paying

nehmen muß die Verrechnung von vornherein vereinbart sein und nachgewiesen werden. Sie ist nicht möglich, wenn der Aufwand bzw. die Leistungen dieser Einrichtungen den empfangenden Unternehmen in anderer Form weiterbelastet werden, z. B. durch die Verrechnung des konzerninternen Waren- oder Leistungsverkehrs zu Fremdpreisen, die diesen Aufwand bzw. diese Leistungen bereits berücksichtigen.

6.2.2. Zwischen Fremden würde ein Entgelt für derartige Leistungen nur gewährt, wenn sie

– eindeutig abgrenzbar und meßbar sind und

– im Interesse der empfangenden Person erbracht werden (d. h. einen Vorteil erwarten lassen und eigene Kosten ersparen).

Leistungen können nicht verrechnet werden, wenn eine Tochtergesellschaft sie nur mit Rücksicht auf die Verhältnisse der Muttergesellschaft entgegennimmt, sie aber als unabhängiges Unternehmen nach ihren eigenen Verhältnissen nicht in Anspruch nehmen würde.

6.2.3. Die Leistungen müssen tatsächlich erbracht sein. Das bloße Angebot im Konzern genügt nicht, da unter Fremden in aller Regel nur tatsächlich abgenommene Leistungen entgolten werden. Es ist jedoch nicht zu beanstanden, wenn bei schwankendem Leistungsfluß Durchschnittsentgelte verrechnet werden, die der tatsächlichen Abnahme innerhalb eines mehrjährigen Zeitraumes entsprechen.

6.3. Beispiele

6.3.1. Verrechenbar sind nach diesen Grundsätzen z. B. Entgelte für

– die Übernahme von Buchhaltungsarbeiten und ähnlichen Dienstleistungen, z. B. spezifischen Beratungsleistungen in den eigenen wirtschaftlichen und rechtlichen Angelegenheiten eines nahestehenden Unternehmens;

– die zeitlich begrenzte Überlassung von Arbeitskräften einschließlich solcher im Führungsbereich eines nahestehenden Unternehmens;

– die Aus- und Fortbildung sowie die soziale Sicherung von Personal, das in einem nahestehenden Unternehmen in dessen Interesse tätig ist;

– Leistungen der Muttergesellschaft zum Zwecke der Beschaffung von Waren und der Inanspruchnahme von Dienstleistungen, die die jeweilige Tochtergesellschaft direkt bezogen bzw. empfangen hat;

– das marktübliche Bereitstellen von Dienstleistungen auf Abruf, soweit nachgewiesen wird, daß die Tochtergesellschaft diese benötigt und daß sie tatsächlich in angemessenem Umfang Dienstleistungen abgerufen hat.

enterprise must have agreed in advance to make the payment, and it must prove this. Payments will be disallowed if the recipient enterprises are charged with these services in a different manner, for example by way of charging arm's length prices for inter-group sales or services which include the respective costs or services.

6.2.2. Unrelated parties would pay a fee for such services only if the services

– are clearly allocable and measurable, and
– are rendered in the interest of the recipient (i. e., if benefits can be expected and own costs saved).

Services may not be charged for if a subsidiary company accepts the same merely having regard to the parent company's situation and if it would not have asked for them as an independet enterprise given its own situation.

6.2.3. The services must actually have been rendered. A mere offer does not suffice within a group since unrelated parties would, as a rule, not pay for services not actually received. There are no objections, however, if in the case of irregular supplies of services average fees are charged corresponding to the actual supply over a period of several years.

6.3. Examples

6.3.1. According to these principles, a consideration may for instance be charged for

– accountancy and similar services, such as rendering specific advisory services pertaining to economic or legal matters of the related enterprise itself;

– making personnel available for a limited period of time, including managerial personnel of the related enterprise;

– training, including executive training of, as well as providing social security for, personnel working in a related enterprise and in its interest;

– services rendered by the parent company for purposes of procuring goods and services directly acquired or received, respectively, by the subsidiary company in question;

– making services available on call against normal payment, to the extent that it can be evidenced that the subsidiary company needed these services and that it did actually call on such services to a reasonable extent.

167

6.3.2. Demgegenüber kann eine Muttergesellschaft z. B. Entgelte nicht verrechnen für

- den sogenannten Rückhalt im Konzern einschließlich des Rechts, den Konzernnamen zu führen, sowie die Vorteile, die sich allein aus der rechtlichen, finanziellen und organisatorischen Eingliederung in den Konzern ergeben;
- die Tätigkeit ihres Vorstandes und Aufsichtsrates als solche sowie für ihre Gesellschafterversammlungen;
- die rechtliche Organisation des Konzerns als ganzen sowie für die Produktions- und Investitionssteuerung im Gesamtkonzern;
- Tätigkeiten, die Ausfluß ihrer Gesellschafterstellung sind, einschließlich der allgemeinen Organisation sowie der der Konzernspitze dienenden Kontrolle und Revision;
- Schutz und Verwaltung der Beteiligungen;
- die Konzernführung und solche Führungsaufgaben nachgeordneter Unternehmen, die die Konzernspitze an sich gezogen hat, um ihre eigenen Führungsmaßnahmen besser vorzubereiten, durchzusetzen und zu kontrollieren. Die Führung schließt die Planung, die unternehmerische Entscheidung und die Koordinierung ein.

6.4. Ableitung der Fremdpreise

6.4.1. Für verwaltungsbezogene Leistungen können Fremdpreise herangezogen werden, soweit Leistungen zwischen voneinander Unabhängigen der konzerninternen Verwaltungsleistung nach Art und Umfang vergleichbar sind. Hierbei ist zu berücksichtigen, daß die Beteiligten in einem Dauerverhältnis stehen. Soweit hierfür Marktpreise nicht feststellbar sind, ist der Fremdpreis in der Regel nach der Kostenaufschlagsmethode zu ermitteln. Es ist ferner zu beachten, daß ein ordentlicher Geschäftsleiter des Leistungsempfängers in der Regel kein Entgelt zugestehen würde, das den Aufwand übersteigt, der bei Erledigung der fraglichen Verwaltungsaufgaben durch den eigenen Betrieb oder durch Vergabe entsprechender Aufträge an ortsansässige Fremde anfallen würde.

6.4.2. Der Ableitung des Entgelts nach der Kostenaufschlagsmethode sind

1. die einzelnen erbrachten Leistungen und
2. die den einzelnen Leistungen zuzurechnenden Kosten

gesondert zugrunde zu legen. Den Nachweis hat der Steuerpflichtige durch Vorlage von Unterlagen (§ 90 Abs. 2 AO)[88] zu führen.

---

88 Siehe Fußnote 2.

6.3.2. On the other hand, a parent company may not charge a consideration for instance for

– the general backing by the group, including the right to use the group's name and the benefits resulting only from the legal, financial and organizational integration in the group;

– the activities of its Board of Directors or its Supervisory Board as such, or for its shareholders' meetings;

– the legal structuring of the group as such, or for the central direction of production and investments within the group;

– activities resulting from its shareholder function, including the general organization, control and central auditing made in the interest of the parent company;

– protecting and managing its investments;

– group management and such executive activities relating to subsidiary enterprises as the parent company has assumed in order for it to better prepare, execute and control its group management. Management includes planning, entrepreneurial decision-making and coordination.

6.4. Determination of Arm's Length Prices

6.4.1. Arm's length prices may be considered for administrative services to the extent that services rendered between unrelated parties are comparable in nature and scope with the intragroup administrative services. It must be borne in mind though that the relationship existing between the parties is a continuous one. Should market prices not be ascertainable for like situations, the arm's length price shall as a rule be determined by using the cost plus method. It must further be noted that a diligent manager of the recipient would as a rule not have agreed a consideration exceeding the cost which would result had his enterprise itself engaged in the administrative tasks under review or had it employed local unrelated parties for this purpose.

6.4.2. In establishing the consideration on the basis of the cost plus method,

1. the individual services rendered, and

2. the costs attributable to the individual services

have to be taken into account separately. The taxpayer must furnish evidence by submitting records (§ 90 (2) General Tax Code[88].

---

88 See footnote 2.

7. Einkunftsabgrenzung durch Umlageverträge

7.1. Allgemeines

7.1.1. Werden im Konzern Aufwendungen für

a) Forschung und Entwicklung oder

b) verwaltungsbezogene Leistungen (Tz. 6.2.)

durch eine Kostenumlage verrechnet, so ist bei der Einkunftsabgrenzung von dem Kostenumlagevertrag auszugehen, wenn das Entgelt für die so verrechneten Überlassungen oder Leistungen nur zusammengefaßt bewertet werden kann oder die Ermittlung der den einzelnen Leistungen gesondert zuzurechnenden Kosten schwierig ist. Solche Umlageverträge sind unter Beachtung der folgenden Grundsätze zu prüfen (vgl. auch Tz. 2.4.3.).

7.1.2. Die tatsächlich entstandenen Kosten solcher Leistungen im Konzern sind (wie bei einem Pool) nach einer anerkannten Kostenrechnungsmethode auf Vollkostenbasis (direkte und indirekte Kosten) zu erfassen und nach einer anerkannten Rechnungslegungsmethode zu verteilen. Voraussetzung ist, daß der Umlagevertrag (Tz. 7.2.) zuvor klar und eindeutig vereinbart und tatsächlich durchgeführt worden ist. Eine Umlage durch einen von den Kosten unabhängigen Vomhundertsatz des Umsatzes des steuerpflichtigen Unternehmens oder einer ähnlichen Bezugsgröße ist steuerlich nicht anzuerkennen.

7.1.3. Bei der Durchführung des Umlagevertrages entfällt eine gesonderte Verrechnung für die Nutzungsüberlassung immaterieller Wirtschaftsgüter, für die Überlassung von Know-how sowie für Leistungen, auf die das steuerpflichtige Unternehmen aus dem Umlagevertrag einen Anspruch hat (Tz. 7.2.1. Nr. 2). Eine Aktivierung dieser Wirtschaftsgüter kommt gemäß § 5 Abs. 2 EStG[89] nicht in Betracht; die Kostenumlage unterliegt nicht dem Steuerabzug nach § 50 a Abs. 4 EStG[90].

7.1.4. Die steuerliche Anerkennung der Umlage setzt voraus, daß die Forschung und Entwicklung bzw. der Fluß verwaltungsbezogener Leistungen (Tz. 6.2.) eindeutig abgrenzbar und nachgewiesen sind. Der ihnen zuzurechnende Kostenblock muß leicht auszusondern sein. Dies ist in der Regel gegeben, wenn

1. im Konzern ein zentraler Organisationsbereich mit dem Erbringen solcher Leistungen beauftragt ist, deren Ergebnisse im Gesamtkonzern oder in bestimmten Gruppen von Konzerngesellschaften genutzt werden, und

---

89 Siehe Fußnote 43.
90 Siehe Fußnote 18.

7. Income Allocation Through Cost Sharing Arrangements

7.1. General

7.1.1. If expenditures for

a) research and development (R + D), or

b) administrative services (Cl. 6.2.)

within a group are charged under a cost allocation system, then the allocation of income shall be based on the cost sharing contract if the consideration for the transfer or services so charged can only be assessed uniformly or where it is difficult to ascertain the respective costs appertaining to the individual services. Cost sharing arrangements of this kind are to be reviewed by applying the following principles (see also Cl. 2.4.3.)

7.1.2. The costs actually incurred by the group for such services shall (as in the case of a pool) be ascertained by using a recognized cost accounting system based on actual costs (direct and indirect costs) and shall be allocated by using a recognized accounting method. This requires that the cost allocation contract (Cl. 7.2.) had been entered into beforehand in a clear and unequivocal manner and that it has been adhered to in practice. Allocations based on a percentage of turnover of the taxpayer or on other factors not related to costs will not be recognized for taxation purposes.

7.1.3. Where a cost allocation contract is performed no additional charges will be recognized for the transfer for use of intangible property, for the transfer of know-how or for such services as the taxpaying enterprise is entitled to under the cost allocation contract (Cl. 7.2.1. No. 2). These assets may not be capitalized according to § 5 (2) Income Tax Act[89]; the costs allocated are not subject to the withholding of tax under § 50 a (4) Income Tax Act[90].

7.1.4. Cost allocations will only be recognized taxwise if the R + D activities or the stream of administrative services (Cl. 6.2.), respectively, are distinctly ascertainable and if they are proved. The total costs pertaining there-to must be readily ascertainable. This is generally the case if

1. there is a central organizational unit in the group charged with rendering such services, the results of which are used within the entire group or by certain categories of associated companies, and

---

89 See footnote 43.
90 See footnote 18.

2. bei diesem Bereich auch die Kosten zusammengefaßt sind, die in anderen Konzernbereichen für eine ergänzende oder unterstützende Tätigkeit dieser Art anfallen (angegliederte Stellen).

7.1.5. Ein Umlagevertrag kann steuerlich nur anerkannt werden, wenn die Voraussetzungen der Tz. 1.4. gegeben sind und auch das Unternehmen, das die Umlage erhebt, ihn seiner Ergebnisrechnung mit steuerlicher Wirkung zugrunde legt.

Soweit die Handelsbilanz für die Steuerbilanz gilt, muß der Umlagevertrag auch in der Handelsbilanz berücksichtigt werden.

7.1.6. Ein Gewinnaufschlag auf die umgelegten Kosten kann im Hinblick auf das Fehlen eines unternehmerischen Risikos steuerlich nicht anerkannt werden. Das schließt nicht aus, daß im Rahmen der Vollkostenrechnung in die Umlage eine angemessene Verzinsung des eingesetzten Kapitals sowie ein Beitrag zu den Geschäftsführungs- und allgemeinen Verwaltungskosten einbezogen werden.

7.2. Vertragsinhalt

7.2.1. Ein Umlagevertrag ist der Einkunftsabgrenzung zugrunde zu legen, wenn

1. er Forschungs- und Entwicklungskosten, die mit der wirtschaftlichen Tätigkeit des steuerpflichtigen Unternehmens in Bezug stehen oder stehen werden, bzw. die Kosten verwaltungsbezogener Leistungen, die im Interesse des steuerpflichtigen Unternehmens tatsächlich erbracht werden, erfaßt und das steuerpflichtige Unternehmen die Ergebnisse der Forschung und Entwicklung bzw. die verwaltungsbezogenen Leistungen tatsächlich nutzt oder voraussichtlich nutzen wird;

2. er dem steuerpflichtigen Unternehmen einen nach Art und Umfang bestimmten Anspruch einräumt, die Tätigkeit des zentralen Organisationsbereichs und angegliederter Stellen für die ihm zugewiesenen Aufgaben zu nutzen und hierbei Leistungen des zentralen Organisationsbereichs selbst abzurufen oder ihm Aufträge zu erteilen;

3. er der Umlage diejenigen Kosten (einschließlich Gemeinkosten) zugrunde legt, die

   a) der Tätigkeit des zentralen Organisationsbereichs sowie angegliederter Stellen zuzurechnen und

   b) im Abrechnungsjahr tatsächlich entstanden sind.

   Die Kosten müssen anhand des Vertrages eindeutig abzugrenzen sein.

   Umlagefähig sind nach Maßgabe der Nummern 1 und 4 auch Kosten der Grundlagenforschung;

2. the costs, including those arising within other divisions of the group (affiliated units) in connection with rendering supplementary or supporting services of this nature are listed by the said unit.

7.1.5. A cost allocation contract can only be recognized taxwise if the prerequisites of Cl. 1.4. are met and if the enterprise charging these costs computed its own income for tax purposes by reference to such contract.

To the extent that the annual financial statement is used for taxation purposes, the cost allocation contract must be reflected in the annual financial statement as well.

7.1.6. A profit mark-up on the cost allocated will not be recognized for taxation purposes owing to the absence of an entrepreneurial risk. However, a reasonable return on the capital invested and a contribution to the general administrative expenses may be added when ascertaining actual costs.

7.2. Contents of Contract

7.2.1. The allocation of income will be based on a cost allocation contract if

1. it covers R + D expenditures relating to present or future commercial activities of the taxpaying enterprise, or if it covers costs of administrative services actually renderd in the interest of the taxpaying enterprise and if the latter actually uses or if it presumably will use, the results of the R + D or of the administrative services, respectively;

2. it confers upon the taxpaying enterprise a clearly defined right to use the services of the central organizational unit and of its affiliated units for purposes of the tasks assigned to the enterprise and to call directly on the central organizational unit for services or to place orders with the same;

3. it provides for inclusion in the allocation of those costs (including general overheads) which
    a) are attributable to the activities of the central organizational unit and its affiliated units, and
    b) were actually incurred in the accounting year.
    It is required that these costs be clearly ascertainable on the basis of the contract. Costs of basic research may also be allocated if the provisos to Nos. 1 and 4 are met;

4. in ihm Aufteilungsschlüssel vereinbart sind, die dem Anteil entsprechen, zu dem das steuerpflichtige Unternehmen die im Konzern anfallenden Forschungs- und Entwicklungsergebnisse und verwaltungsbezogene Leistungen tatsächlich nutzt oder voraussichtlich nutzen wird. Dieser Anteil ist anhand betriebswirtschaftlicher Grundsätze mit der Sorgfalt eines ordentlichen Geschäftsleiters festzulegen. Das Verhältnis der Umsätze der nahestehenden Unternehmen zueinander kann nur zugrunde gelegt werden, wenn es ein brauchbarer Maßstab für den tatsächlichen oder voraussichtlichen Nutzen für die nahestehenden Unternehmen ist;

5. nach ihm die Kosten um Erträge gekürzt werden, die der zentrale Organisationsbereich oder die angegliederten Stellen erhalten und die aus Tätigkeiten oder Wirtschaftsgütern stammen, welche Gegenstand des Umlagevertrages sind; und

6. nach ihm die von dem steuerpflichtigen Unternehmen getragenen eigenen Kosten für Aufgaben, die Gegenstand des Umlagevertrages sind, nach den gleichen Grundsätzen wie im zentralen Organisationsbereich erfaßt, in die umzulegenden Kosten aufgenommen und auf den Umlagebetrag angerechnet werden.

7.2.2. Bei den einzelnen Ansätzen eines Umlagevertrages ist ein Vorteilsausgleich mit anderen – außerhalb des Umlageverfahrens stehenden – Leistungen nicht zulässig.

7.2.3. Werden Aufwendungen für Forschung und Entwicklung und für verwaltungsbezogene Leistungen in einem einheitlichen Umlagevertrag nebeneinander abgerechnet, so sollen der umzulegende Aufwand und die Aufteilungsschlüssel für beide Leistungsarten für sich prüfbar sein.

7.2.4. Das Finanzamt kann auf Antrag des Steuerpflichtigen auch andere Einzelregelungen zulassen, wenn dies wegen der besonderen Umstände (z. B. wegen des multilateralen Einsatzes des Umlagevertrages oder bei Fehlen einzelner die Kostenerfassung oder -verteilung regelnder Bestimmungen im Sinne der Tz. 7.2.1.) sachgerecht ist und sich das Ergebnis des Umlagevertrages im Inland nicht wesentlich gegenüber dem eines den Voraussetzungen der Tz. 7.1. bis 7.2.3. entsprechenden Vertrages ändert.

7.3. Vertragsdurchführung

7.3.1. Die steuerliche Anerkennung des Umlagevertrages setzt voraus, daß das Unternehmen ihn an veränderte Verhältnisse anpaßt. Insbesondere ist der Aufteilungsschlüssel anzupassen, wenn sich die dem Vertrag zugrunde liegende Aufgabenteilung im Konzern ändert.

7.3.2. Verrechnet ein Konzern Kosten aufgrund von Umlageverträgen, so dürfen die so umgelegten Kosten im Konzern nicht ein weiteres Mal über-

4. it provides for an allocation of the costs in proportion to the share in which the taxpaying enterprise does presently use or will presumably use, respectively, the R + D results as well as the administrative services. This share is to be determined by applying principles of business economics with the care of a diligent manager. The proportion of the turnovers of the associates may only be used if this is a reasonable yardstick for the actual or presumable benefits accruing to the associates;

5. it provides for a reduction of the costs by amounts of income accruing to the central organizational unit or its affiliated units and originating from activities or assets which form the subject matter of the cost allocation contract; and

6. it provides that the costs incurred by the taxpaying enterprise itself for tasks forming the subject matter of the cost allocation contract are to be taken into account in the same manner as in the central organizational unit and are made part of the cost allocation and credited against the costs allocated.

7.2.2. No set-offs are permitted against individual items included in the cost allocation contract for other services not covered by the cost allocation procedure.

7.2.3. Where expenditures for R + D and for administrative services are separately accounted for in a single cost allocation contract, then the expenditures to be allocated and the allocation formula should be capable of being reviewed separately for each of the two kinds of services.

7.2.4. At the taxpayer's request the tax office may accept other specific contract clauses, provided that these are suitable owing to special circumstances (such as a multilateral use of the cost allocation contract, or where certain clauses concerning the coverage or the allocation of costs within the meaning of Cl. 7.2.1. are missing) and if the tax result in Germany of the contract does not materially differ from that of a contract which is in conformity with Cl. 7.1. through 7.2.3.

7.3. Contract Fulfilment

7.3.1. In order for a cost allocation contract to be accepted for taxation purposes it must be adjusted by the enterprise when circumstances change. Adjustments must in particular be made regarding the allocation formula when there is a change within the group in the division of responsibilities underlying the contract.

7.3.2. If a group charges costs to its associates by using cost allocation contracts, the costs so allocated within the group may not be transfer-

wälzt werden, z. B. im Wege der Verrechnung von Lieferungen oder Leistungen.

7.4. Nachweise

7.4.1. Soll ein Umlagevertrag der Einkunftsabgrenzung zugrunde gelegt werden, so hat das steuerpflichtige Unternehmen auf Anforderung

1. den Vertrag mit sämtlichen Nebenabreden vorzulegen und anhand nachprüfbarer Unterlagen den Nutzen der Forschung und Entwicklung für das steuerpflichtige Unternehmen bzw. den Fluß verwaltungsbezogener Leistungen nachzuweisen;

2. darzulegen, welche Aufgabenteilung im Konzern dem Vertrag zugrunde liegt und welche Funktionen die leistende Stelle erfüllt, sowie nachprüfbare Unterlagen über die für die Festlegung und jeweilige Anwendung des Aufteilungsschlüssels maßgeblichen Verhältnisse vorzulegen;

3. alle Anweisungen für die Erfassung, Abgrenzung und Aufteilung der Kosten, die Buchungspläne sowie die Berechnung der Kostenumlage der Höhe nach (insbesondere Einzelangaben über die in die Kostenumlage einbezogenen Kosten nach Kostenstellen) vorzulegen.

Auf die Vorlage von nur im Ausland befindlichen Unterlagen für die Berechnung der Umlage kann verzichtet werden, soweit das steuerpflichtige Unternehmen eine von einem deutschen Wirtschaftsprüfer oder Steuerberater bzw. einer deutschen Wirtschaftsprüfungs- oder Steuerberatungsgesellschaft geprüfte und mit einem entsprechenden Bestätigungsvermerk versehene Umlagenberechnung vorlegt, aus der ersichtlich ist, daß die Kostenumlage dem Grunde und der Höhe nach vertragsgemäß berechnet ist.

7.4.2. Die Finanzbehörde kann nach Maßgabe des § 90 Abs. 2 AO[91] weitere Angaben, Unterlagen und Beweismittel verlangen, die nach den Umständen des Einzelfalls notwendig sind. Dies gilt insbesondere

a) wenn nicht erwartet werden kann, daß die Finanzbehörden im Lande der Muttergesellschaft das Kostenaufteilungssystem und seine Jahresergebnisse auf Antrag im Wege der Amtshilfe überprüfen werden;

b) zum Nachweis der in Tz. 7.1.4. Satz 1 und 2 genannten Voraussetzungen in Fällen, in denen der Konzern nicht über die in Satz 3 der Tz. 7.1.4. genannten organisatorischen Voraussetzungen verfügt; oder

c) wenn einzelne der in den vorstehenden Tz. aufgestellten Vorausset-

---

91 Siehe Fußnote 2.

red to the associates twice, for instance, by way of pricing supplies and services.

7.4. Evidence

7.4.1. If a taxpaying enterprise wishes to have a cost allocation contract applied to the allocation of income, it has, upon demand,

1. to submit the contract including all side agreements and to prove, on the basis of verifiable records, the benefit to the taxpayer of the R + D, or the stream of administrative services, respectively;

2. to explan the distribution within the group of duties underlying the contract, as well as the functions fulfilled by the performing unit, and to submit verifiable records concerning the circumstances relevant for the determination and the application from time to time of the allocation formula;

3. to submit all internal directions regarding the recording, allocation and apportionment of the costs, the classification of booking entries, as well as for the calculation of the amounts allocated (in particular details concerning the costs included according to cost centres).

The tax examiner may waive the submission of such records for the calculation of the cost allocation which are located in a foreign country, to the extent that the taxpaying enterprise submits a cost allocation calculation which has been audited and certified by a German chartered accountant or tax adviser or a German firm of chartered accountants or tax advisers and which shows that the cost allocation has been calculated in accordance with the terms of the contract both in substance and amount.

7.4.2. The tax office may demand, pursuant to §90 (2) General Tax Cod[91], that further information, records and evidence be furnished which are necessary in the circumstances of the individual case. This applies in particular

a) if it can not be expected that the fiscal authorities in the parent company's country will honour a request to assist by reviewing the cost allocation system and its annual results;

b) where the prerequisites stated in Cl. 7.1.4., 1st and 2nd sentences, must be proved in cases where the group does not meet the organizational requirements stated in the 3rd sentence of Cl. 7.1.4.; or

c) if individual prerequisites mentioned in the above Clauses are not met

---

91 See footnote 2.

zungen nicht erfüllt sind oder einzelne Nachweise nicht erbracht werden können und die verlangten weiteren Nachweise dies ausgleichen.

8. Durchführung von Berichtigungen

8.1. Allgemeines

8.1.1. Eine Berichtigung ist durchzuführen, soweit

a) die Voraussetzungen der verdeckten Gewinnausschüttung gegeben sind, nach den dafür maßgebenden Grundsätzen; in diesem Fall ist außerdem zu prüfen, ob Kapitalertragsteuer festzusetzen ist (BFH-Urteile vom 28. 1. 1981 – BStBl. II S. 612 und vom 19. 5. 1982 – BStBl. II S. 631);

b) die Voraussetzungen einer verdeckten Einlage gegeben sind, durch eine Erhöhung des Beteiligungswertes in der Steuerbilanz;

c) sie lediglich auf 1 AStG[92] zu stützen ist, durch einen Zuschlag außerhalb der Bilanz.

8.1.2. Die Berichtigung ist für das Jahr vorzunehmen, in dem sich die Vorteilsgewährung auf den Gewinn ausgewirkt hat.

8.1.3. Die Berichtigung von Einkünften läßt die steuerliche Zurechnung von ihnen zugrunde liegenden Wirtschaftsgütern – insbesondere für Vermögensteuerzwecke – unberührt.

8.2. Durchführung der Besteuerung

8.2.1. Der Berichtigungsbetrag ist derselben Einkunftsart zuzurechnen wie die berichtigten Einkünfte.

8.2.2. Auf den Berichtigungsbetrag sind ggf. die Bestimmungen zur Vermeidung der Doppelbesteuerung anzuwenden.

8.2.3. Steuern, die im Ausland von einem Nahestehenden auf den dem Berichtigungsbetrag entsprechenden Teil seines Gewinnes geschuldet werden, sind im Rahmen des § 34 c EStG[93] und der einschlägigen Bestimmungen der Doppelbesteuerungsabkommen nicht anrechenbar.

8.2.4. Ist ein unbeschränkt Steuerpflichtiger[94] an einer ausländischen

---

92 Siehe Seite 36.
93 Siehe Fußnote 10.
94 Siehe Fußnote * auf Seite 41.

or if individual facts can not be proved and if the additional information requested remedies these deficiencies.

8. Methods of Adjustment

8.1. General

8.1.1. Adjustments have to be made,

a) where the prerequisites of a constructive dividend are met: in accordance with the pertinent principles; in these cases a dividend withholding tax may become payable as well (Federal Tax Court decisions of 28 January 1981, BStBl. II p. 612; and of 19 May 1982, BStBl. II p. 631);

b) where the prerequisites of a constructive contribution are met: by increasing the capitalized investment in the balance sheet;

c) where the adjustment is merely based on § 1 "Aussensteuergesetz"[92]: by adding the amount without changing the balance sheet entries.

8.1.2. The adjustment has to be made for the year in which the granting of the benefit has affected the profits.

8.1.3. An adjustment of income shall not affect the attribution of the underlying assets to certain taxpayers, in particular for property tax purposes.

8.2. Method of Taxation

8.2.1. The amount of an adjustment belongs to the same income category as the income adjusted.

8.2.2. Where applicable, the provisions of a Double Taxation Convention shall be applied to the amount of an adjustment.

8.2.3. Amounts of tax owed by a related party in a foreign country with respect to that portion of its profits corresponding with the amount of the adjustment are not creditable against [German] tax under § 34 c Income Tax Act[93] and the corresponding provisions of Double Taxation Conventions.

8.2.4. If a resident taxpayer[94] owns shares of a foreign subsidiary company

---

92 See page 37.
93 See footnote 10.
94 See footnote * on page 41.

Tochtergesellschaft im Sinne des § 3 AIG[95] beteiligt und führt die Berichtigung zu einer Erhöhung des Beteiligungswertes in der Steuerbilanz, so erhöht der Berichtigungsbetrag die Bemessungsgrundlage für die Rücklage nach § 3 Abs. 1 AIG.

8.3. Nachträglicher Ausgleich von Einkunftsminderungen

8.3.1. Gleichen die Beteiligten eine Einkunftsminderung im Inland dadurch aus, daß sie durch Ausgleichszahlungen den Zustand herbeiführen, der bei Beachtung des Grundsatzes des Fremdvergleichs eingetreten wäre, so ist dieser Ausgleich bei

a) verdeckten Gewinnausschüttungen grundsätzlich als Einlage zu behandeln;

b) verdeckten Einlagen als Kapitalrückführung zu behandeln;

c) Vorgängen, die zu einer lediglich auf § 1 AStG[96] zu stützenden Berichtigung führen, außerhalb der Bilanz mit dem zu Zwecken der Berichtigung vorgenommenen Zuschlag (Tz. 8.1.1. Buchstabe c) zu verrechnen.

8.3.2. Wird eine Beteiligung veräußert oder die ausländische Gesellschaft liquidiert, so ist der Veräußerungs- oder Liquidationserlös um den Betrag des nach Tz. 8.1.1. Buchstabe c vorgenommenen Zuschlags außerhalb der Bilanz zu kürzen, soweit dieser noch nicht verrechnet worden ist.

9. Verfahren

9.1. Mitwirkung bei Ermittlung und Nachweis

9.1.1. An den Ermittlungen zur zutreffenden Einkunftsabgrenzung wirken die Beteiligten nach Maßgabe der allgemeinen Bestimmungen (insbesondere § 90 Abs. 2 AO)[97] mit. Sie haben hierbei auch

---

95 § 3 des Gesetzes über steuerliche Maßnahmen bei Auslandsinvestitionen der deutschen Wirtschaft gestattete bis zum 31. 12. 1989 unbeschränkt Steuerpflichtigen, die den Gewinn nach § 4 Abs. 1 oder § 5 EStG ermitteln, für Verluste ausländischer Kapitalgesellschaften, an denen sie zu mindestens 50 vom Hundert beteiligt sind, eine den Gewinn mindernde Rücklage zu bilden. Die Rücklage darf den Betrag der neu erworbenen Anteile in der Steuerbilanz nicht übersteigen. Die ausländische Gesellschaft muß bestimmte aktive Tätigkeiten ausüben. Die Rücklage ist spätestens nach fünf Jahren aufzulösen.

96 Siehe Seite 36.

97 Siehe Fußnote 2.

within the meaning of § 3 Foreign Investment Tax Law[95] and if the adjustment results in increasing the capitalized investment in the balance sheet for tax purposes, then the amount of the adjustment shall increase the basis for the reserves made pursuant to § 3 (1) Foreign Investment Tax Law.

8.3. Retroactive Payments Compensating for Income Reductions

8.3.1. Where the parties compensate for income reductions domestically by making balancing payments to achieve the results which would prevail had the arm's length principle been observed, then such payments shall

a) in the case of constructive dividends be treated in principle as a contribution to capital;

b) in the case of constructive contributions be treated as capital repayments;

c) in the case of transactions resulting merely in adjustments based on § 1 "Aussensteuergesetz"[96] be credited against the amounts added for adjustment purposes (Cl. 8.1.1. lit. c) without changing the balance sheet entries.

8.3.2. If shares are transferred or if the foreign company is liquidated, the gains realized or the liquidation proceeds, respectively, shall be reduced by the amount added under Cl. 8.1.1. lit c. for adjustment purposes without changing the balance sheet entries to the extent that such amount has not yet otherwise been compensated for.

9. Procedure

9.1. Taxpayer's Cooperation in Investigations and Furnishing Evidence

9.1.1. The parties concerned are obliged to cooperate in the course of investigations into the proper allocation of income in accordance with the general provisions of law (especially § 90 (2) General Tax Code[97]). They shall also

---

95 § 3 Foreign Investment Tax Law which expired on 1st January 1990 permitted resident taxpayers ascertaining their income on the accrual basis to create reserves for losses sustained by foreign corporations owned at not less than 50 per cent. The reserves may not exceed the qualifying investment in the foreign corporation. The latter must be engaged in certain qualifiying active business transactions. The reserve has to be dissolved after five years at the latest.

96 See page 37.
97 See footnote 2.

a) Sachverhalte im Ausland selbst zu ermitteln und

b) Beweismittel, die sich im Ausland befinden, zu beschaffen.

Sie haben dabei alle für sie bestehenden rechtlichen und tatsächlichen Möglichkeiten auszuschöpfen; hierzu gehören insbesondere die Möglichkeiten, die sich aus gesellschaftsrechtlichen Beteiligungen oder der Gemeinschaftlichkeit von Interessen zwischen Nahestehenden ergeben.

9.1.2. Zur Mitwirkung sind die steuerpflichtigen inländischen Unternehmen verpflichtet; ausländische nahestehende Unternehmen sind zur Mitwirkung verpflichtet, soweit ihre eigene Steuerpflicht in Frage steht (z. B. als Empfänger einer verdeckten Gewinnausschüttung). Die Ermittlungs- und Nachweispflicht eines inländischen Unternehmens erstreckt sich auch auf solche für seine inländische Besteuerung bedeutsamen Sachverhalte und Beweismittel, die in Büchern oder Unterlagen ausländischer nahestehender Unternehmen festgehalten oder dokumentiert sind.

9.1.3. Nach § 90 Abs. 2 Satz 3 AO[97] kann sich ein Beteiligter nicht darauf berufen, daß er Sachverhalte nicht aufklären oder Beweismittel nicht beschaffen kann, wenn er sich nach Lage des Falles bei der Gestaltung seiner Verhältnisse die Möglichkeit dazu hätte beschaffen oder einräumen lassen können. Das kann dadurch geschehen, daß die Nahestehenden sich hierzu gegenseitig Ermittlungs- oder Nachweishilfe zusagen (Nachweisvorsorge; vgl. BFH-Urteil vom 16. 4. 1980 – BStBl. 1981 II S. 492). Bei Geschäftsbeziehungen zwischen Nahestehenden gilt dies insbesondere auch für die zur Einkunftsabgrenzung notwendigen Ermittlungen und Nachweise. Ein inländisches Unternehmen kann sich deshalb nicht darauf berufen, ein ausländisches nahestehendes Unternehmen (z. B. die Muttergesellschaft) stelle ihm die erforderlichen Nachweise oder Unterlagen nicht zur Verfügung.

9.1.4. Sind für die Einkunftsabgrenzung bei der Prüfung einer Konzerngesellschaft Verhältnisse bei einer anderen Konzerngesellschaft heranzuziehen, so erstreckt sich die erweiterte Mitwirkungspflicht nach § 90 Abs. 2 AO[97] auch auf diese Verhältnisse. Das inländische Unternehmen muß hierfür ggf. Nachweisvorsorge nach Tz. 9.1.3. treffen.

9.2. Umfang der Mitwirkungspflicht

9.2.1. Die Mitwirkungspflicht erstreckt sich auf alle Umstände, die für die Bildung und Beurteilung der Verrechnungspreise maßgeblich sind. Dies sind insbesondere die

---

97 Siehe Fußnote 2.

a) themselves make inquiries for facts in foreign countries, and
b) obtain evidence from foreign countries.

In so doing, they shall make full use of all legal and actual possibilities available to them; these include in particular possibilities emanating from their shareholder relationship or from the community of interests existing between associated parties.

9.1.2. Resident taxpaying enterprises are obliged to cooperate; non-resident related enterprises are obliged to cooperate to the extent that their own duty to pay tax is at issue (for instance as the recipient of a constructive dividend). A resident's duty to search for facts and to furnish evidence extends to such facts and evidence as are relevant for its domestic taxation which are recorded or documented in the books or records of a foreign related enterprise.

9.1.3. According to § 90 (2), 3rd sentence, General Tax Code[97] a party concerned may not claim inability to clarify facts or to obtain evidence if such party in the circumstances of the case could have obtained or reserved the ability so to do when making the arrangements. The related parties could, for instance, have mutually undertaken to assist each other in gathering facts and furnishing evidence (provision for evidence; see Federal Tax Court decision of 16 April 1980, BStBl. 1981 II p. 492). In respect of transactions between related parties this particularly applies to fact finding and evidence required for the allocation of income. Therefore, a resident taxpaying enterprise is barred from arguing that a foreign related enterprise (such as its parent company) will not make the required evidence or records available to it.

9.1.4. In case it should become necessary in the course of examining a member of a group to revert to the position of another member for purposes of income allocation, the extended duty of cooperation under § 90 (2) General Tax Code[97] extends to such situation as well. Where applicable, the resident enterprise should make provision for evidence according to Cl. 9.1.3. for this purpose.

9.2. Scope of Cooperation

9.2.1. The taxpayer's duty to cooperate extends to all the facts relevant for the formation and examination of transfer prices. These include in particular

---

97 See footnote 2.

a) zur Prüfung des Verrechnungspreises erforderlichen Daten, die verfügbar sind oder dem ordentlichen Geschäftsführer eines unabhängigen Unternehmens zugänglich wären;

b) für die Prüfung des Verrechnungspreises erforderlichen betrieblichen Daten, Unterlagen und Informationen von nahestehenden Unternehmen.

Soweit es sich um die Verhältnisse bei nahestehenden Unternehmen handelt, gilt Tz. 9.1.4.

9.2.2. Leitet ein steuerpflichtiges Unternehmen Verrechnungspreise auf eine bestimmte Weise ab (Tz. 2.4.2.) oder benutzt es besondere Berechnungsvorgaben oder zentral gesammelte Daten (Tz. 2.4.3.), so hat es

a) Sorge dafür zu tragen, daß die hierfür notwendigen Unterlagen zusammengestellt und leicht zu überprüfen sind;

b) auf Anforderung im Rahmen der Tz. 9.1. an der Prüfung mitzuwirken, ob die festgesetzten Verrechnungspreise auch bei Verwendung anderer Methoden plausibel erscheinen (Tz. 2.4.2. Satz 3).

Tz. 2.4.4. Buchstabe c bleibt unberührt.

9.2.3. Zu den Mitwirkungspflichten bei Kostenumlageverträgen wird auf Tz. 7.4. verwiesen.

9.2.4. Bei Beziehungen zu nahestehenden Unternehmen, die keiner wesentlichen Besteuerung unterliegen, ist § 16 AStG[98] zu beachten. Die dort vorgesehene besondere Darlegungspflicht trägt dem in solchen Fällen bestehenden Steuergefälle Rechnung und schließt eine bloße Plausibilitätsprüfung aus.

9.3. Rechtsfolgen bei unzureichender Mitwirkung

9.3.1. Kommt ein Unternehmen seinen Mitwirkungspflichten nicht nach, so kann das Finanzamt ggf. die Einkünfte aufgrund einer Schätzung nach § 162 AO[99] berichtigen. Hierbei kann es für Grund und Höhe der Berichtigung ggf. von einem nach der Lebenserfahrung möglichen Sachverhalt ausgehen (vgl. BFH-Urteil vom 17. 7. 1968 – BStBl. II S. 695).

9.3.2. Bei der Schätzung ist § 1 Abs. 3 AStG[100] anzuwenden, wenn andere Anhaltspunkte für die Schätzung nicht gegeben sind. Diese Bestimmung gilt auch für Berichtigungen, die auf einer anderen Rechtsgrundlage als der des § 1 Abs. 1 AStG beruhen.

---

98 Siehe Seite 80.

99 Siehe Fußnote 1.

100 Siehe Seite 38 f.

a) the data required for an examination of the transfer price which are available or which would be available to a diligent manager of an independent enterprise;
b) the in-house operational data, records and information of related enterprises required for an examination of the transfer price.

As far as facts concerning related parties are concerned, Cl. 9.1.4. applies.

9.2.2. Where a taxpaying enterprise establishes transfer prices in a certain manner (Cl. 2.4.2.) or if it uses certain systems of calculation or centrally assembled data (Cl. 2.4.3.), it has

a) to make sure that the relevant records are collected and that they can easily be reviewed;
b) to cooperate (Cl. 9.1.), if requested, in reviewing the issue whether the transfer prices actually charged would also appear plausible when other methods are used (Cl. 2.4.2., 3rd sentence).

Cl. 2.4.4. lit c. remains unaffected.

9.2.3. Regarding the taxpayer's duty to cooperate in cases of cost allocation contracts, see Cl. 7.4.

9.2.4. In cases of transactions with related enterprises the income of which is not substantially taxed, 16 "Aussensteuergesetz"[98] shall be observed. The special duty of disclosure set out therein takes account of the lower tax levels existing in those cases and excludes a mere plausibility test.

9.3. Consequences of Insufficient Cooperation

9.3.1. Where an enterprise fails to cooperate, the tax office may, where applicable, adjust the income based on an estimate pursuant to § 162 General Tax Code[99]. In so doing it may, where necessary, make adjustments by assuming facts which are likely according to practical experience (see Federal Tax Court decision of 17 July 1968, BStBl. II p. 695).

9.3.2. § 1 (3) "Aussensteuergesetz"[100] shall be applied when estimating tax bases if other criteria for an estimation are lacking. This provision shall also govern adjustments based on provisions of law other than § 1 (1) "Aussensteuergesetz".

---

98 See page 81.
99 See footnote 1.
100 See page 39 f.

10. Sonstiges

10.1. Aufhebung anderer Verwaltungsregelungen

Tz. 1. des Einführungsschreibens vom 11. 7. 1974 (BStBl. 1974 I S. 442) zum Außensteuergesetz ist bei Einkunftsabgrenzungen im Sinne dieses Schreibens nicht mehr anzuwenden.

10.2. Übergangsregelung

Ordnen die Unternehmen im Hinblick auf dieses Schreiben ihre Verhältnisse neu (z. B. durch den Abschluß oder die Anpassung von Umlageverträgen), so bleibt die Prüfung der davorliegenden Zeit nach dem Grundsatz des Fremdvergleichs unberührt. Aus der Umstellung als solcher können für die Vergangenheit keine nachteiligen Rechtsfolgen für die Unternehmen gezogen werden. Bei Umstellungen innerhalb von drei Jahren nach Veröffentlichung dieses Schreibens[101] kann davon ausgegangen werden, daß sie im Hinblick auf dieses Schreiben vorgenommen worden sind.

---

101 Dieses Schreiben wurde am 8. 3. 1983 veröffentlicht.

10. Miscellaneous

10.1. Repeal of Rulings

Cl. 1 of the Introductory Letter of 11 July 1974 (BStBl. 1974 I p. 442) to the "Aussensteuergesetz" shall no longer be applied to the allocation of income within the meaning of this Letter.

10.2. Transitory Provision

Where enterprises reorganize their relationships with a view to this Letter (for instance by entering into or adjusting cost allocation contracts), the time prior to such reorganization will still be reviewed under the arm's length principle. No detrimental conclusions may be drawn for the past for enterprises merely from the fact of such a reorganization. Where reorganizations have been carried out within three years from the publication date of this Letter[101] it may be assumed that they were made with a view to this Letter.

---

101 This Letter was published on 8 March 1983.

Stichwortverzeichnis
(die Zahlen verweisen auf die Seiten)

Index
(references are to pages)

Forum der Internationalen Besteuerung

Die aktuelle Schriftenreihe „Forum der Internationalen Besteuerung" trägt der erheblich gewachsenen Bedeutung des Steuerrechts Rechnung. Die zu beobachtende Globalisierung der Wirtschaftstätigkeit der Unternehmen hat Fragen der internationalen Besteuerung schon seit langem aus dem engen Winkel einseitigen Spezialisteninteresses herausgeführt.

Band 1:

Internationaler Unternehmenskauf und -zusammenschluß im Steuerrecht

mit den Auswirkungen des Steueränderungsgesetzes 1992

Themenschwerpunkte: StÄndG 92 und grenzüberschreitende Unternehmenstätigkeit · Kauf ausländischer Unternehmen · Konzernbezogene Dienstleistungsgesellschaften · Einsatz von Holdinggesellschaften · Anteilstausch und Einbringung · Kauf inländischer Unternehmen

Herausgegeben von Prof. Dr. *Lutz Fischer*. Mit Beiträgen von Dr. *Wilhelm Haarmann*, Prof. *Wolfgang Ritter*, Dipl.-Kfm. *Herbert Schön*, Prof. Dr. *Franz Wassermeyer*, Dipl.-Finanzwirt *Alfred Weber* und Dr. *Felix Wurm*. 160 Seiten DIN A 5, 1992, brosch. 58,– DM.

Band 2:

Die beschränkte Steuerpflicht

Aktuelle Schwerpunkte in der Diskussion: Betriebsstätte · Grenzüberschreitende Betriebsaufspaltung · Diskriminierung · Treaty Shopping. Künstler und Sportler · Zinsabschlagsteuer · Verfahrensprobleme

Herausgegeben von Dr. *Wilhelm Haarmann*. Mit Beiträgen von Prof. Dr. *Georg Crezelius*, Dr. *Horst-Dieter Höppner*, Dipl.-Kfm. *Hans-Jürgen Krause*, Dr. *Wolfgang Kumpf*, Prof. Dr. *Jörg Manfred Mössner* und *Reinhard Pöllath*. 172 Seiten DIN A 5, 1993, brosch. 68,– DM.

Band 3:

Besteuerung internationaler Konzerne

Qualifikationskonflikte · Verluststrategien · Grenzüberschreitende Spaltung · Einbringung von Betriebsstätten · Rechtsschutz bei Treaty Overriding · Unternehmenssteuerreform

Herausgegeben von Prof. Dr. *Lutz Fischer*. Mit Beiträgen von *Paul G. Flockermann*, Dipl.-Kfm. *Stefan Grau*, Prof. Dr. *Norbert Herzig*, Prof. Dr. *Jörg Manfred Mössner*, Dr. *Detlev Jürgen Piltz* und Dr. *Siegfried Widmann*. 149 Seiten DIN A 5, 1993, brosch. 58,– DM.

Band 4:

Grenzen der Gestaltung im Internationalen Steuerrecht

Mißbrauchsverhütung in der Diskussion: EU-Recht · DBA · Hinzurechnungsbesteuerung · Grenzüberschreitende Unternehmensfinanzierung Verrechnungspreise · Verfahrenspraxis

Herausgegeben von Dr. *Wilhelm Haarmann.* Mit Beiträgen von Dr. *Ulrich G. Berger,* Dr. *Udo W. Henkel,* Dr. *Kurt Miehler,* Dr. *Otmar Thömmes,* Prof. Dr. *Klaus Vogel,* Prof. Dr. *Franz Wassermeyer.* 194 Seiten DIN A 5, 1994, brosch. 75,– DM.

Band 5:

Wirtschaftsstandort Deutschland im Internationalen Steuerrecht

Standortsicherung · Holding · Zinsabschlag und internationale Finanzinnovationen · Konzernfinanzierung und § 8a KStG · Umsatzsteuer-Binnenmarkt · Betriebsprüfung

Herausgegeben von Prof. Dr. *Lutz Fischer.* Mit Beiträgen von Dr. *Udo W. Henkel,* Dipl.-Ökonom *Jürgen Jung,* Dr. *Hubert Mattausch,* Prof. *Wolfgang Ritter,* Dr. *Berndt Runge,* Dr. *Rembert Schwarze.* Ca. 160 Seiten DIN A 5, 1994, brosch, 64,– DM.

Band 6:

Internationale Verrechnungspreise zwischen Kapitalgesellschaften

Grundsätze internationaler Einkünfteabgrenzung · Verrechnungspreise im Lieferverkehr · Verrechnungspreise für Dienstleistungen: Gewerbliche Dienstleistungen, Finanzdienstleistungen, Einzelabrechnung versus Umlage · Verrechnungspreise für immaterielle Wirtschaftsgüter: Grundsätze, Lizenzen · Sind Verrechnungspreise justiziabel? · Konfliktfelder aus der Sicht von Finanzverwaltung und Unternehmen: Chemie- und Pharmaunternehmen, Metallindustrie und Elektrounternehmen.

Herausgegeben von Dr. *Harald Schaumburg.* Mit Beiträgen von Dr. *Hubertus Baumhoff,* Dr. *Gerhard Ege,* Prof. Dr. *Hans-Jochen Kleineidam,* Dr. *Bernd Nieß,* Prof. Dr. *Detlev Jürgen Piltz, Rosemarie Portner,* Dr. *Harald Schaumburg* und Prof. Dr. *Franz Wassermeyer.* Ca. 190 Seiten DIN A 5, 1994, brosch, ca. 75,– DM

Verlag Dr. Otto Schmidt · Köln